DROEMER

John Kotter
Holger Rathgeber

Das Erdmännchen-Prinzip

Aus Krisen als Gewinner hervorgehen

Aus dem Amerikanischen
von Bernhard Jendricke

DROEMER

Die amerikanische Originalausgabe erschien 2016 unter dem Titel »That's Not How We Do It Here!« bei Portfolio / Penguin, einem Imprint von Penguin Random House LLC, New York.

Besuchen Sie uns im Internet:
www.droemer.de

FSC
www.fsc.org
MIX
Papier aus verantwortungsvollen Quellen
FSC® C004229

Illustrationen Kari Fry. © 2016 Kotter Associates
Covergestaltung: ZERO Werbeagentur, München
Coverabbildung: Kari Fry. © 2016 Kotter Associates
Satz: Nadine Clemens, München
Druck und Bindung: Druckerei Uhl, Radolfzell
ISBN 978-3-426-27721-8

2 4 5 3 1

Das
Erdmännchen-Prinzip

Das Verhalten der Geier war ein Rätsel. Aus den Aasfressern waren todbringende Räuber geworden. Niemand konnte sich das erklären. Diese schrecklichen, unheimlichen Wesen gaben wahrscheinlich den letzten Anstoß zum Untergang von Matts Clan.

Matt war ein Erdmännchen – eines jener kleinen, in Afrika lebenden Tiere, die viele Menschen niedlich und interessant finden. Matt hatte wie alle Erdmännchen seine ganz eigene Persönlichkeit und erstaunliche Talente. Er war immer schüchtern gewesen und konnte ein wenig stur sein, wenn er sich einmal etwas in den Kopf gesetzt hatte. Aber dank seines angeborenen Pflichtgefühls, seines sanften Lächelns und seiner Fähigkeiten, die er stets zum Wohl der Gruppe einsetzte, wurde er von allen hochgeschätzt. Das Leben hatte ihm immer Freude gemacht, und meist hatte das Leben auch Freude an ihm.

Aber dann …

Weil der Regen schon lange ausgeblieben war, hatte der Clan dieser flauschigen kleinen Wesen nicht mehr genug Nahrung für alle. Mindestens einmal am Tag aß

Matt weniger als gewöhnlich, damit die Jungen, Alten und Kranken mehr bekamen. Aber das trug kaum zur Lösung des Problems bei. Die Zahl der Raubtiere hatte derart zugenommen – so etwas hatte Matt noch nicht erlebt. Einige Erdmännchen meinten, es gebe da einen Zusammenhang. Weniger Regen bedeute weniger Nahrung, und das führe zu seltsamen und unvorhersehbaren Veränderungen im Verhalten der Räuber. Aber wer konnte das schon sicher sagen?

Es gelang ihnen nicht, neue, zündende Ideen zu entwickeln, wie mit den ungewohnten Problemen umzugehen sei, geschweige denn sich auf solche Ideen zu einigen. Matt und viele andere empfanden das als unglaublich frustrierend. Was die Sache noch schlimmer machte, war, dass ein Großteil der alltäglichen Routinearbeit immer schwerer zu bewältigen war.

Nicht, dass Matt nie von vielversprechenden neuen Ideen gehört hätte. Er hatte zwei sehr kreative Freunde, Tanya und Ago, die sich eine Möglichkeit ausgedacht hatten, wie man an mehr Nahrung gelangen und weniger davon verschwenden könnte, und dazu noch eine mögliche Methode, Räuber schneller als bisher zu erspähen. Aber die beiden Erdmännchen stießen mit ihren Ideen auf eine Mauer des »So haben wir das noch nie gemacht«, eine Reaktion, die angesichts der Umstände unsinnig war. Matt tat sein Bestes, den anderen

die Absurdität eines solchen Arguments zu erklären. Er sprach mit den Erdmännchen, die er am besten kannte, jene, die ungefähr sein Alter hatten. Er sprach auch mit seinem Familienoberhaupt. Aber er erreichte nichts.

Matt fühlte sich völlig ausgelaugt. Weil er so angesehen war, wurde er von einem der großen Bosse – einem Alphatier – beauftragt, dieses und jenes Projekt zu übernehmen und noch ein weiteres. Die Belastung wurde für ihn immer größer. Er war überhaupt nicht der Typ, der im Stillen oder mit Getöse zornig durch das Leben ging. Aber jetzt sah man … ein sehr zorniges Erdmännchen.

Einführung

Diese Geschichte handelt von wichtigen Themen, mit denen sich fast alle von uns heute beschäftigen: Veränderungen vollziehen sich immer schneller und in immer größerem Umfang. Diese Tatsache klar zu erkennen oder mit ihr angemessen umzugehen kann schwerfallen. Und wenn es uns nicht gelingt, Risiken zu vermeiden, Chancen zu ergreifen und die Ergebnisse zu erzielen, die wir alle wirklich wertschätzen, kann das Leben ziemlich unangenehm werden.

Wir haben dafür die Form der Fabel gewählt – eine Geschichte mit einer ganzen Fülle von Figuren, darunter auch Matt –, weil Fabeln wichtige Fragen verdeutlichen und vielen Menschen von Nutzen sein können. Und die hier behandelten Fragen sind wirklich wichtig. Um zu verstehen, wie man unter diesen neuen Gege-

benheiten bessere Ergebnisse erzielen kann, benötigen wir ein klareres Verständnis davon, wie Organisationen aufsteigen, warum sie schließlich trotz ihres früheren Erfolgs oft in Schwierigkeiten geraten und warum sie untergehen können. Wir benötigen mehr Klarheit darüber, wie einige wenige Organisationen es schaffen, erneut aufzusteigen und wieder zu wachsen, ihre Mission zu erfüllen und großartige Jobs, Dienstleistungen und Wohlstand zu schaffen. Man sollte nicht übersehen, welche Rolle dabei Disziplin, Planung, Verlässlichkeit und Effizienz spielen. Und ebenso Leidenschaft, Vision, hohes Tempo, Opferbereitschaft, geistige Beweglichkeit und Kultur. Und es geht hier um das Thema Management versus Führung – Führung nicht nur durch ein paar Leute in großen Büros mit möglichst vielen Fenstern.

Ja, ja, wir wissen, dies alles ist ein bisschen viel für ein schmales Buch. Und ja, viele Experten haben sich bereits ausführlich zu diesen Themen geäußert. Aber wir denken, dass grundsätzliche Punkte, von denen heute Erfolg maßgeblich abhängt, von Nebel umhüllt sind. Erst wenn wir es schaffen, dass sich dieser Nebel lichtet, haben wir wirklich eine Chance, die Herausforderungen und Gefahren des 21. Jahrhunderts in faszinierende Chancen umzuwandeln – Chancen für unsere Unternehmen, Regierungen, gemeinnützigen Einrich-

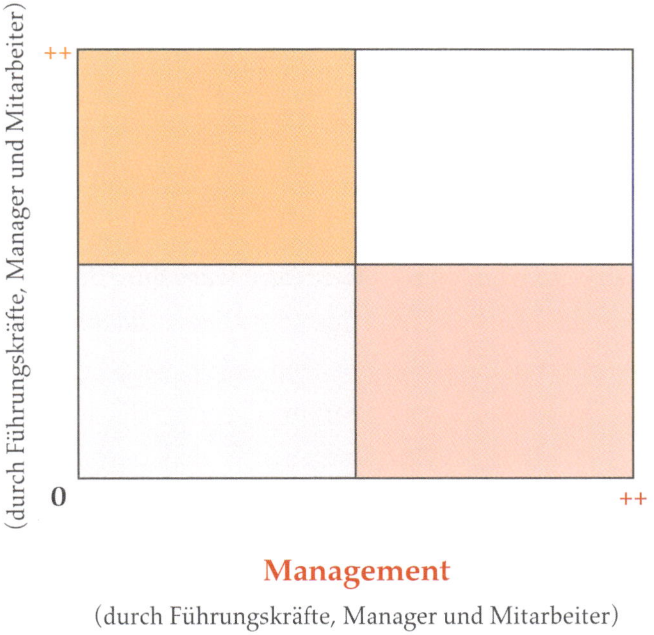

tungen und für uns selbst. Wir könnten jetzt über die seit Jahrzehnten betriebenen Studien berichten, auf denen die in unserer Fabel geschilderten Überlegungen und Erkenntnisse beruhen. Aber würden wir dies alles ausbreiten, würden wir wohl unser Ziel verfehlen, uns kurzzufassen, inspirierend, nutzbringend und vergnüglich zu sein. Am Schluss des Buches präsentieren wir einige Überlegungen zu den Themen, die in den besagten Studien und in unserer Geschichte behandelt werden. Bis dahin soll das obige Diagramm genügen.

Es verrät viel über den Aufstieg, Fall und möglichen Wiederaufstieg von Organisationen und auch darüber, was jeder von uns tun kann, um bei der Arbeit wirksamer und glücklicher zu werden. Dies alles werden wir am Schluss des Buches diskutieren (und Sie werden die Relevanz dieser Themen in unserer Fabel erkennen).

Aber genug jetzt. Gehen wir zurück zum Anfang unserer Geschichte.

1

Es war einmal ein Clan von Tieren, die von uns Menschen als Erdmännchen bezeichnet wurden. Diese Tiere lebten in der Kalahari, einem trockenen Landstrich im Süden Afrikas. Das Stück Land, das sie als ihr Zuhause bezeichneten, sah auf den ersten Blick genauso aus wie viele andere Gegenden. Aber dank einer Mischung aus Pfiffigkeit, harter Arbeit und ein wenig Glück hatten ihre Vorfahren einen Ort geschaffen, der nicht so war wie alle anderen. Vor ihrer Ankunft dort hatte ein Buschfeuer den Boden gerodet und ihnen einen fast perfekten Lebensraum hinterlassen. Viele Raubtiere waren durch das Feuer vertrieben worden, und es gab reichlich Nahrung, die hauptsächlich aus Skorpionen, knusprigen Insekten, Würmern, Eiern und gelegentlich auch aus Früchten bestand.

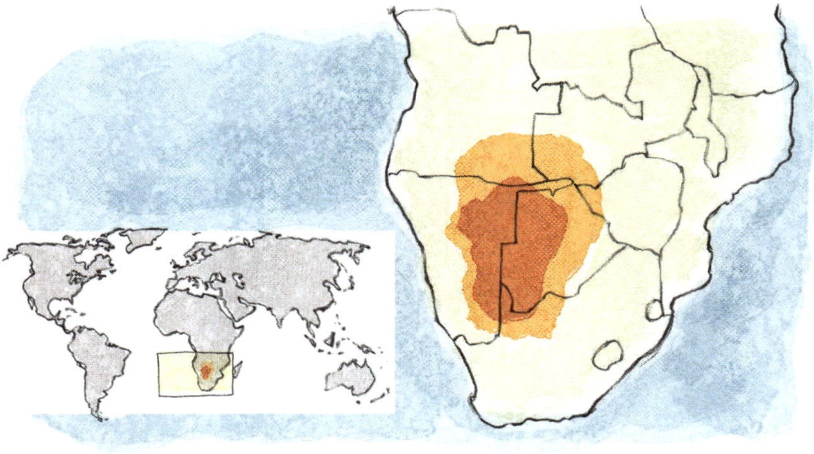

Der Clan bestand anfangs aus einem Dutzend Erdmännchen und wuchs auf mehr als 150 Mitglieder heran, eine beträchtliche Größe und alles andere als typisch. Erdmännchen können zwischen zwei- und viermal pro Jahr jeweils drei bis fünf Jungen zur Welt bringen. Wenn man das jetzt ausrechnet – nun, der Unterschied zwischen zwei und vier Würfen mit jeweils drei bis fünf Jungen ergibt … sagen wir einfach, die richtigen Lebensverhältnisse kommen der Vermehrung von Erdmännchen sehr zugute.

Nichts ist dabei wichtiger als das gute Funktionieren des Clans, was – wie zu erwarten – mit dessen Anwachsen sich als zunehmend schwieriger erweist. Aber unsere Gruppe hatte gelernt, sich außergewöhnlich gut

selbst zu verwalten, und das ist einer der Gründe, warum ihre Geschichte so interessant ist.

Im vergangenen Frühjahr war zum Glück reichlich Regen gefallen. Nahrung zu finden war daher vergleichsweise leicht. Auch wenn ihr Dasein kein reines Zuckerlecken war, lebten sie im Großen und Ganzen recht gut. Jedes Mitglied hatte seinen ihm eigenen Platz, und solange man alles so machte, wie es im Clan erwartet wurde, und keinen Ärger verursachte, war alles in Ordnung.

Könnte sich das ändern? »Natürlich«, würde fast jedes Clanmitglied sagen. »Veränderung ist einfach Bestandteil des Lebens. Erst gibt es eine Trockenzeit, dann ändert sich das, und es kommt eine Regenzeit. Manch-

mal sind Falken hinter uns her, dann ändert sich das, und es stellen uns Schlangen nach. Aber wir wissen damit umzugehen. Es kann knifflig werden, aber wir haben Methoden, mit solchen Problemen verdammt gut fertig zu werden, vielen Dank.«

Nadia, die Kreative

Nadia war ein aufgewecktes, abenteuerlustiges und tatkräftiges Mädchen. Sie verfügte über eine Begeisterungsfähigkeit, die ansteckend war, besonders unter den Erdmännchen-Kindern, die ihr am liebsten überallhin nachgelaufen wären. Das machte ihr meist Spaß, auch wenn es ihr, wie zu erwarten, manchmal lästig war.

Als Nadia eines Tages zur Mittagszeit zu ihrem Familienoberhaupt gerufen wurde, war ihr verständlicherweise ein wenig bange. Sie hatte sich fast noch nie mit ihm unter vier Augen unterhalten.

Deshalb sprach sie vorab mit ihren engeren Freunden darüber. Ob sie eine Ahnung hätten, worum es bei diesem Treffen ging? Einer wusste es. So erfuhr Nadia, dass sie für den Job einer Älteren Schwester ausersehen war, das heißt für die Betreuung des jüngsten Nachwuchses, der schon bald seine Erdhöhle würde verlassen können.

Nach einigem Nachdenken kam Nadia zu dem Schluss, dass sie diese Aufgabe übernehmen wollte. Aber erst einmal musste sie das Gespräch mit ihrem Familienoberhaupt hinter sich bringen, das über alle Stellenbesetzungen in ihrer Gruppe entschied.

Da sie zu dem Treffen ein wenig zu früh erschienen war, setzte sie sich und ließ ihre Gedanken schweifen.

»Du bist Nadia, nicht?«, weckte der Familienchef sie aus ihren Tagträumen. Er stand im Ruf, streng, aber fair zu sein. »Ich habe ein paar Fragen an dich«, begann er. »Als Erstes …«

Nadia wusste auf alles richtig zu antworten, und sie tat das so selbstsicher, dass man ihr nicht anmerkte, wie nervös sie in Wirklichkeit war. Das Vorstellungsgespräch war nicht sehr schwierig für sie, weil man ihr seit ihrer Kindheit in der einen oder anderen Weise die erwünschten Antworten beigebracht hatte. Nicht alle Antworten erschienen ihr sinnvoll, aber sie dachte sich, wenn sie diesen Job haben wollte, sollte sie besser keine

philosophische Diskussion darüber anzetteln, wie ein Clan zu leiten sei.

Als der Boss sich sicher war, dass die junge Bewerberin die Aufgabe bewältigen konnte, stellte er die alles entscheidende Frage: »Bist du willens, die volle Verantwortung dafür zu tragen, dass den dir anvertrauten Kleinen alles beigebracht wird, was sie für das Erwachsenenleben im Clan brauchen? Bist du willens, ihr Leben zu schützen, bis sie sich selbst schützen können?«

Nadia musste nur etwa eine Nanosekunde lang überlegen, um »Ja!« zu sagen. Damit hatte sie die Prüfung bestanden.

Nach dem Gespräch war sie ganz beschwingt, auch wenn sie, ehrlich gesagt, gar nicht recht wusste, was von ihr in ihrer neuen Rolle verlangt wurde. Das machte sie ein wenig nervös, aber ein schwungvolles und energiegeladenes Erdmännchen-Mädchen war – um noch einmal ehrlich zu sein – nicht geneigt, sich so etwas einzugestehen.

Nicholas, diszipliniert und verlässlich

Nicholas war Nadias älterer Bruder und Chef der Wachmannschaft. Er widmete sich seiner Arbeit mit Leib und Seele, war diszipliniert und achtete auf jedes Detail. Außerdem sah er umwerfend gut aus; die Hälfte von Nadias Freundinnen war heimlich in ihn verliebt.

Nicholas hatte gerade die morgendliche Besprechung mit seinen Wachen beendet. Er hatte den Tagesplan erläutert und alle daran erinnert, dass sie angesichts der jüngsten besorgniserregenden Vorfälle wachsamer denn je sein mussten.

Ein Wachmann hatte eine Kobra in einem Baum nahe des Clans erspäht, und auch einen Schakal hatte man umherstreifen sehen. Raubtiere wie diese hätten liebend gern ein Erdmännchen zu Mittag verspeist. In beiden Fällen waren sich die Wachen sicher, dass es nicht dieselben Räuber waren wie tags zuvor. Zwei Schakale und zwei Kobras zur selben Zeit – das war ungewöhnlich. Möglicherweise noch schlimmer war, was eine weitere Wache berichtete. Er hatte etwas am Himmel gesehen, das sich anhörte wie das Wesen, von dem ihnen die Alten erzählt hatten: ein Geier. Der Clan hatte sich erst nach dem Buschfeuer an diesem Ort angesiedelt, deshalb war hier noch nie ein Geier gesichtet worden.

Nicholas war in Gedanken noch bei dem, was er soeben gehört hatte und was jetzt zu tun sei, als Nadia zu ihm kam. Er wusste von ihrem Vorstellungsgespräch und war sich sicher gewesen, dass sie den Test bestehen würde. Die beiden umarmten sich. Nadia war vom Laufen ganz außer Atem und konnte kaum sprechen. Als sie ihm sagte, dass sie den Job bekommen hatte, bemerkte sie die sorgenvolle Miene ihres Bruders. Sie fragte ihn, was ihn bedrückte.

»Nichts Besonderes«, schwindelte er, um sie nicht zu beunruhigen, »nur die übliche Arbeit.« Aber Nadia ließ nicht locker. »Welche Arbeit denn? Du bist Chef der Wachen, aber ich habe dich noch nie Wache stehen sehen.« Sie lächelte, und Nicholas musste lachen. »Nein, ich halte nicht Wache. Ich mache etwas anderes, wie du ja weißt. Aber willst du wirklich, dass ich es dir erkläre?«, fragte er und spürte dabei, dass ein paar Minuten Ablenkung von seinen Sorgen vielleicht guttun könnten. »Früher hat dich das nie sonderlich interessiert.«

»Heute ist nicht früher«, erwiderte Nadia mit ihrer entwaffnenden Begeisterung. Vielleicht können mir diese Informationen jetzt für meinen neuen Job nützlich sein, dachte sie bei sich. Also setzten sie sich, und Nicholas erzählte.

»Ich stelle Pläne auf, wo und wie viele Wachen wir

brauchen, und lege für jeden Tag einen Wachplan fest. Im Laufe der Jahre, während unser Clan immer größer wurde, haben wir gelernt, dass Pläne von entscheidender Bedeutung sind, weil andernfalls manche Posten versehentlich unbesetzt bleiben würden. Und das könnte im schlimmsten Fall bedeuten, dass …« Nicholas schüttelte den Kopf, weil er nicht sagen wollte: »… bei uns jemand zu Tode kommt.« Nadia verstand es ohnehin.

»Ich rekrutiere die Wachen und bilde sie aus. Wenn sich jemand als ungeeignet erweist, helfe ich ihm, eine andere Tätigkeit zu finden. Tadellos Wache zu halten erfordert hohes Können, das ist unerlässlich. Amateure als Wachen? Schlechte Idee.

Ich gebe den Wachen Methoden und Regeln vor, an die sie sich zu halten haben. Diese Regeln und Methoden beruhen auf den im Laufe der Jahre gewonnenen Erkenntnissen. Ich protokolliere und berichte an die Alphas, wie oft und wann und wo wir angegriffen wurden. Wir haben uns sehr ehrgeizige Ziele gesetzt. Wir wollen uns nicht vormachen, gute Arbeit zu leisten, wenn das in Wirklichkeit nicht stimmt. Als der Clan noch klein war, konnte jeder mitverfolgen, was vor sich ging. Aber jetzt nicht mehr.

Und wenn es ein Problem mit dem Wachehalten gibt, liegt es in meiner Verantwortung, dies schnell festzu-

stellen, zu analysieren und zu lösen. Denn wenn ich dabei trödeln würde …« Wieder schüttelte er den Kopf.

Nadia versuchte, interessiert dreinzublicken, aber Pläne, Methoden, Regeln, Protokolle und dergleichen hörten sich, na ja … langweilig an. Nicholas sah, dass sie mit etwas rang, und er hatte bis zu seiner nächsten Sitzung noch ein wenig Zeit, deshalb fuhr er fort.

»Also, wenn ein Clan wie unserer verlässlich funktionieren soll, benötigt man vor allem Disziplin und Ordnung«, sagte er und zeichnete dabei Kästchen und Linien in den Sand.

»Unverzichtbar ist eine gute Organisation. Sie beginnt an der Spitze, mit unseren beiden Alphas.« Ein Erdmännchen-Mann und eine Erdmännchen-Frau, wie in allen Erdmännchen-Clans.

»Die beiden treffen alle wichtigen Entscheidungen für uns. Eine Stufe darunter stehen die Betas« – sechs Oberhäupter der Familien mit jeweils 20 bis 30 Mitgliedern sowie der Chef der Erdhöhlen und Nicholas, Chef der Wachen. »Gemeinsam sorgen wir dafür, dass alle erforderliche Arbeit erledigt wird und jeder im Clan weiß, was er wann und wie zu tun hat.«

In jüngster Zeit waren sie zehnmal pro Vollmondzyklus angegriffen worden, erklärte Nicholas. Er zeigte Nadia, wie er dies mit Hilfe von Zweigen, die er in einer der Höhlen auf bestimmte Weise anordnete, dokumen-

tiert hatte. Nadia war beeindruckt. »Wir haben eine Verlustquote von unter eins zu 20«, sagte Nicholas mit einem gewissen Stolz in der Stimme, ganz zu Recht, denn für Erdmännchen-Clans war das ein außergewöhnlich gutes Ergebnis.

Da Nadia mit dem Jargon des Erdmännchen-Managements nicht vertraut war, fragte sie: »Was genau ist eine Verlustquote?« Nicholas nickte. »Sie besagt, wie oft ein Mitglied des Clans von einem Raubtier getötet oder schwer verletzt wird im Verhältnis zur Zahl der Angriffe. Natürlich tun wir alles, um die Quote mög-

lichst niedrig zu halten. Daran messen wir unsere Arbeit als Wachen.«

Nadia war von ihrem Lieblingsbruder wirklich *schwer* beeindruckt, obwohl sie nach wie vor die Vorstellung, herumzusitzen und dies oder jenes zu messen und zu protokollieren, als ziemlich, nun ja, uninspirierend empfand.

Nicholas zeichnete ein weiteres Kästchen unter die Reihe mit den Familienoberhäuptern. »Hier ist der Platz, wohin du jetzt als Ältere Schwester gehörst«, erklärte er lächelnd. Darunter zeichnete er weitere fünf Kästchen. »Und das hier sind die dir anvertrauten Kleinen.«

Nadia kamen sofort zwei Dinge in den Sinn. Zum einen gefiel es ihr nicht, ihren Namen in einem Kästchen zu sehen, obwohl ihr einleuchtete, dass sie wegen ihrer Beförderung jetzt in dieses Kästchen gehörte. Zum anderen verstand sie nicht, was die Kleinen in diesem Diagramm zu suchen hatten.

»Aber die Kleinen arbeiten doch gar nicht«, wandte sie ein.

»Falsch«, sagte Nicholas. »Sie tun das sehr wohl. Ihre Arbeit besteht darin, das Überleben zu erlernen. Und deine Arbeit besteht darin, den Kleinen beizubringen, wie sie das schaffen.«

Er sah zur Sonne hinauf und dann auf seinen Schat-

ten – so stellen Erdmännchen fest, wie viel Uhr es ist – und sagte: »Aber jetzt muss ich mich sputen, um zu meinem nächsten Treffen zu kommen, kleine Schwester. Ich bin stolz auf dich.« Nachdem sie sich umarmt hatten, eilte er davon.

Nicholas dachte über Geier nach, diese Wesen, von denen er seit seiner Kindheit gehört hatte – die für ihn aber keine konkret fassbare Gestalt hatten (denn niemand hatte je einen Geier gesehen), sondern etwas Ähnliches waren wie Hexen, Kobolde und Drachen für Menschenkinder.

»Zuerst lernt man die Regeln, dann ...«

Nadia wusste nicht, was sie beim Lehrgang für Ältere Schwestern erwarten würde. Sie war mehr oder weniger lernbegierig, denn wenn sie diesen Job übernahm, wollte sie ihn auch gut machen. Bestimmt würde auch Nicholas so an die Sache herangehen.

Der Ausbildungsleiter war ihr Familienoberhaupt. »Heute befassen wir uns mit den Regeln für die Älteren Schwestern und Brüder«, sagte er und begann sofort, sämtliche 25 Regeln aufzuzählen.

Nadia wurde aufgerufen, die Regeln zu wiederholen, und schaffte es auf Anhieb, zwölf korrekt aufzusagen. »Nicht schlecht für den Anfang«, meinte der Leiter auf seine übliche trockene Weise, während er in Wirklichkeit von seiner neuen Schülerin beeindruckt war.

Den übrigen Vormittag besprachen sie die Regeln in aller Gründlichkeit, bis Nadia die meisten auswendig hersagen konnte. »Wie lautet Regel Nummer fünf?«, fragte der Leiter. »Lasse die Kleinen nie allein!« – »Gut. Und wie lautet Regel Nummer 14?« – »Beginne und beende jeden Tag mit einer Sanddusche!« – »Gut.«

»Genug für heute«, erklärte das Familienoberhaupt. Nadia hatte aber noch eine Frage: »Nummer sechs: Behandle alle Kleinen gleich. Warum ist das gut?«

Der Schulungsleiter war schon halb im Aufbruch begriffen: »Weil das die besten Ergebnisse hervorbringt. Wenn wir später einmal Zeit haben, erkläre ich es dir. Wir treffen uns morgen Mittag zur selben Zeit.«

Die übrigen Schulungstage verliefen so wie der erste. Für einen kreativen und abenteuerlustigen Geist war das ziemlich strapaziös. Und die Antwort auf Nadias gelegentliche Fragen nach dem Warum lautete erstaunlicherweise immer gleich: »Weil das nach unserer Erfahrung die besten Ergebnisse hervorbringt!« Obwohl ihr diese Antwort in gewissem Sinne einleuchtete, erschien sie ihr als nicht besonders befriedigend.

Nachdem Nadia sämtliche Regeln fehlerfrei aufsagen konnte, fragte sie mit leiser Hoffnung in der Stimme, ob die Schulung nun abgeschlossen sei. »Nein«, hieß es knapp und unmissverständlich. »Das waren nur die Regeln. Jetzt musst du die Methoden lernen und einüben.«

Als ihr Kursleiter sah, dass Nadia darüber nicht sehr begeistert war, erklärte er: »Die Regeln sagen dir nur, *was* du zu tun hast, aber nicht *wie*. Bei den meisten Regeln haben wir herausgefunden, wie man die jeweilige Aufgabe auf bestmögliche Weise erledigen kann.« Sein Tonfall ließ vermuten, dass abgesehen von seiner Frau seine größte Liebe den Regeln und Methoden galt.

Nadia holte tief Luft und nickte zögerlich. Als der

Leiter das sah, begann seine rechte Hinterpfote auf dem harten trockenen Boden unablässig auf und ab zu wippen. Es war das erste Mal, dass er bei seiner neuen Schülerin ein wenig die Geduld verlor.

»Na schön«, seufzte er. »Wie lautet Regel Nummer 14?«

»Beginne und beende jeden Tag mit einer Sanddusche!«, antwortete Nadia wie aus der Pistole geschossen.

»Gut, aber wie würdest du eine Sanddusche durchführen?«

»Also, ich würde …« Nach kurzem Überlegen erklärte sie, wie sie es den Kleinen beibringen würde.

Der Leiter unterbrach sie. »Fast richtig, aber nicht exakt die Art und Weise, wie Sandduschen bestmöglich durchgeführt werden. Ich werde es dir veranschaulichen. Zuerst machst du …«

Und er erklärte es in aller Ausführlichkeit. Die Erfahrung habe gezeigt, dass eine bestimmte Vorgehensweise am besten funktionierte. Deshalb werde es so und nicht anders gemacht.

Der Monolog endete mit einem »Verstanden?«. »Voll und ganz!«, lautete Nadias Antwort.

»Aber wenn mir etwas einfiele, wie man unsere Methoden verbessern könnte, dürfte ich das dann ausprobieren?«, fragte Nadia.

»Also … nein«, erwiderte der Leiter vorsichtig. »Wir haben eine Gruppe für Regeln und Methoden, speziell für Ältere Schwestern und Brüder.« Schon während er das sagte, wusste er, dass das für Nadia vermutlich nach einer ziemlich trägen und schwerfälligen Angelegenheit klang. »Diese Gruppe trifft sich jeden Monat. Man bespricht dort Regeln und Methoden und diskutiert über Ideen und Vorschläge zu ihrer Verbesserung. Verbesserungen sind gut und notwendig! Das liegt ja auf der Hand. Aber … man kann nicht einfach sagen: ›Probiere einfach alles aus, was du für besser hältst.‹ Dagegen sprechen viele Gründe.«

Nadia hörte aufmerksam zu.

Mit noch immer wippender Hinterpfote fuhr der Leiter fort. »Bedenke Folgendes: Wie würdest du dich fühlen, wenn du etwas ausprobieren würdest, was dir besser erschien, und eines deiner Jungen würde dadurch verletzt?« Er zog die Augenbrauen hoch. »So etwas hat es schon gegeben.«

Natürlich war es für Nadia eine Schreckensvorstellung, versehentlich einem der Kleinen Schaden zuzufügen.

»Genug für heute«, sagte ihr Lehrer. »Dann bis morgen.«

Nach diesem Treffen fühlte sich Nadia sowohl gut als auch schlecht. Gut war: Sie machte deutliche Fortschritte und würde sicherlich all diese Regeln und Methoden spielend leicht erlernen. Schlecht war: Etwas in ihrem Herzen begann zu rebellieren, und ihre Begeisterung über ihre neue Rolle sank von 100 auf 80 und dann noch einmal auf 60. Bevor sie auf 40 fallen würde, musste sie noch einmal mit Nicholas sprechen, nahm sie sich vor.

Sie hatten bereits ein- oder zweimal darüber geredet, und dabei hatte Nadia laut darüber nachgedacht, ob solche Dinge wie Kästchen, Pläne, Kennzahlen, Regeln, Methoden und all das überhaupt nötig seien. Da hatte Nicholas gelächelt – eher liebevoll als herablassend –

und sie gefragt, ob ihrer Ansicht nach das Leben im Clan gut oder schlecht sei. Das war eine Killerphrase, denn die ehrliche Antwort lautete natürlich, dass das Leben sehr gut war. Wenn es dem Clan also prächtig ging, war das, was Nicholas als »Erdmännchen-Management« bezeichnete, vielleicht wirklich nützlich und notwendig.

»Wie kommst du mit deiner Ausbildung voran?« Ein Blick auf Nadias Miene genügte, und Nicholas kannte schon die Antwort. »Du magst all diese Regeln nicht?«, fragte er.

»Ich weiß ja, sie sind nötig. Ich bin schließlich nicht dumm. Aber sie sind so« – Nadia suchte nach dem richtigen Wort – »einengend! Wo bleibt da die Freude und die Begeisterung, herumzuspielen und neue Dinge auszuprobieren und zu lernen?«

Nicholas dachte kurz nach, bevor er antwortete. »Manchmal gibt es Wichtigeres als Freude und Kreativität, Nadia. Diese Regeln und Vorgehensweisen sollen dir helfen, das zu erreichen, was dir und dem Clan am wichtigsten ist.« Nach einer absichtsvollen Pause fuhr er fort: »Deinen Kleinen beizubringen, wie man überlebt, und sie dafür zu rüsten, sich in einer harten Welt zu behaupten.«

An jenem Abend klärte sich vieles in Nadias Kopf. Sie wollte ihren neuen Job gut machen. Nein, genau ge-

sagt, sehr gut. Und wenn dafür die Regeln, Methoden und all das Übrige nötig waren, würde sie das akzeptieren.

Am folgenden Tag bemerkte ihr Lehrer sofort den Wandel. Nadia stellte überhaupt keine Warum-Fragen mehr, sondern prägte sich alles ein, was man ihr sagte, schneller und besser als jede Auszubildende vor ihr. Ein paar Tage später berichtete der Schulungsleiter den Alphas, dass Nadia bald in der Lage sei, ihre neue Aufgabe in Angriff zu nehmen.

Sie begann, den Clan mit anderen Augen zu betrachten. Nadia sah jetzt genauer hin, wenn ihre Artgenossen die Höhlen reinigten, neue Gänge gruben, Wache hielten, die Jungen umsorgten, die Versammlungsplätze sauber hielten, auf die Jagd gingen, Kranke und Verletzte pflegten und kleine Streitereien beilegten. Ihr ganzes bisheriges Leben hatte sie das alles für selbstverständlich erachtet, auch als der Clan immer größer wurde und die Arbeit viel komplexer. Jetzt erkannte sie, wie erstaunlich es war, dass dies alles so gut funktionierte, Tag für Tag, Woche für Woche. Jetzt verstand sie die Botschaft ihres Bruders, dass die Pläne, Linien, Kästchen, Methoden und die anderen Dinge, die er als Management bezeichnete, all das ermöglicht hatten. So sagte er es jedenfalls. Falls das stimmte – und sie begann zumindest daran zu glauben, dass es stimmte –, war diese Management-Sache etwas

ganz Erstaunliches. Oder hatte zumindest das Potenzial dazu.

Dennoch fragte sich der kreative Teil von Nadia, ob daran nicht doch etwas falsch war – oder zumindest etwas fehlte.

2

Nadia war auf dem Rückweg zu ihrer Familiengruppe, als der Alarm ertönte. Instinktiv blickte sie sich um … aber da war nichts. Dann aber spürte sie einen Schatten und sah nach oben.

Das fliegende Wesen über ihr war groß, hässlich und sauste unglaublich schnell durch die Lüfte.

Zwei Kleinkinder neben ihr vergnügten sich mit einem Schmetterling und waren ganz in ihr Spiel versunken. Nadia packte die beiden und zog sie in eine nahe Erdhöhle, wo sie in Sicherheit waren.

Während sie in der Höhle lagen, hörte sie Schreie, schreckliche Schreie. Und sie hörte Erdmännchen umherrennen. Doch dann schien alles so schnell vorbei zu sein, wie es begonnen hatte.

Vorsichtig krabbelte sie aus der Höhle, die Jungen

wohlbehalten hinter ihr. Das Bild, das sich ihr darbot, war anders als alles, was sie je gesehen hatte.

Diejenigen, die sich in der Nähe des Angriffs befunden hatten, waren traumatisiert. Diejenigen, die den Geier nicht gesehen hatten – die meisten der Erdmännchen, da der Vogel so schnell gekommen und wieder verschwunden war –, begriffen kaum, was sie soeben erlebt hatten.

Innerhalb einer Stunde beriefen die Alphas, genannt Moro und Mara, eine Versammlung ein. Mara, die Emotionalere der beiden, war außer sich.

»Wie konnte das nur passieren!!??«

Mara herrschte die sechs Familienoberhäupter, den Chef der Wachen und den Chef der Erdhöhlen an. Dem Angriff des Geiers waren Angehörige zweier Familien zum Opfer gefallen. Mindestens ein Erdmännchen galt als vermisst, zwei weitere waren verletzt.

Niemand wollte als Erster etwas sagen. Mara brach das Schweigen. »Der Schutz des Clans hat für euch höchste Priorität!«, rief sie mit Blick auf die beiden Oberhäupter der Familien, in denen es Opfer gegeben hatte.

Nach einer merklichen Pause erwiderte einer der beiden: »Wir haben getan, was wir konnten, aber die Zeit zwischen Alarm und Angriff war einfach zu kurz.« Er wandte den Kopf und blickte den Chef der Wachen an.

Aller Augen richteten sich auf Nicholas. Wahrheitsgemäß erklärte er: »Laut der diensthabenden Wache, die am nächsten stand, entsprach die Zeit zwischen dem Alarm und dem Angriff völlig dem festgelegten Mindeststandard.« Und mit Blick auf den Chef der Erdhöhlen fragte er: »Hatten wir genug Höhlen in der Angriffszone?«

Alle Blicke folgten nun dem von Nicholas. Der Chef

der Erdhöhlen blinzelte und sah in die Runde. Seine Miene verhärtete sich.

»Nun, ich kann nicht beurteilen, wie verlässlich der Bericht der diensthabenden Wache tatsächlich ist.« Kurzes Schweigen. »Aber mein Grabungsteam hat mir versichert, dass alle Höhlen ordnungsgemäß vorbereitet und zugänglich waren.«

Sämtliche Blicke richteten sich nunmehr wie automatisch auf das zweite Familienoberhaupt, dessen Gesichtsausdruck sich inzwischen gewandelt hatte – von Verwirrung und Trauer zu einer deutlichen Abwehrhaltung. Das beeindruckte Mara nicht im mindesten. Sie lief so rot an, wie das bei einer Erdmännchen-Dame nur möglich ist. *»Das ist inakzeptabel!«*, rief sie, beendete abrupt die Versammlung und kündigte eine weitere Zusammenkunft zu einem späteren Zeitpunkt an jenem Tag an.

Nadia war ganz verstört. Ständig dachte sie an die Kleinen, und ihre Gefühle waren ihr ins Gesicht geschrieben. Nicholas war ebenfalls verstört, aber er hatte schon vor langer Zeit gelernt, sich so etwas in seinem Job nicht anmerken zu lassen, sondern lieber zu handeln. Also schritt Nicholas zur Tat, noch bevor die beiden Alphas weitere Versammlungen einberiefen.

Er beauftragte zwei seiner Wachen, Möglichkeiten zu erkunden, wie sich die Reaktionszeit verkürzen ließe.

Zwei weitere Wachen bekamen den Auftrag, nach Möglichkeiten zu suchen, wie man alle Abläufe effizienter gestalten könnte, um dadurch Ressourcen freizusetzen und einen oder idealerweise sogar zwei weitere Wachposten einzurichten. Nicholas selbst wollte entscheiden, wo am besten neue Wachen zu stationieren seien.

Ein Beta-Kollege von Nicholas reagierte ebenfalls rasch und auf ähnliche Weise. Aber zwei weitere schienen die meiste Zeit damit beschäftigt, Gründe anzuführen, warum nicht sie an den Problemen schuld waren.

Im Laufe der folgenden Tage und Wochen nahm die Zahl der Geierangriffe zu. Und als wäre das nicht schon schlimm genug gewesen, blieb auch noch der Regen aus.

Erdmännchen müssen nicht viel Flüssigkeit zu sich nehmen, solange sie saftige Insekten und Reptilien zu verspeisen haben. Wasserhaltige Nahrung solcher Art zu finden wird jedoch schwieriger, viel schwieriger, wenn der Regen ausbleibt. Die kleinen Wesen, die Erdmännchen zum Überleben brauchen, graben sich dann auf der Suche nach Feuchtigkeit immer tiefer in den Boden. Und sie stellen sämtliche Aktivitäten ein, die Energie benötigen und unter diesen Umständen nicht dringlich sind. Aktivitäten wie … die Vermehrung. Was für die Erdmännchen sowohl weniger Nahrung als auch weniger Wasser bedeutet.

Der Stresspegel im Clan stieg. Die Sitzungen der Alphas und Betas wurden unangenehm. Mara forderte ständig noch mehr Informationen über das Wasser- und Nahrungsmittelproblem. Aber niemand hatte all diese Informationen oder die Zeit, sie zu beschaffen. Das trug nicht zur Verbesserung von Maras Laune bei.

»Ich will einen Vorschlag sehen, wie wir in Zukunft Angebots- und Verbrauchsniveau von Nahrung messen«, knurrte sie im Management-Jargon der Erdmännchen. Sie deutete auf drei Familienoberhäupter: »Kann ich das bis zur nächsten Sitzung vorliegen haben?« Die

Betas waren lange genug im Geschäft, um zu wissen, dass die einzig richtige Antwort unter diesen Umständen nur »Ja, natürlich« lauten konnte.

Nicholas ärgerte es, dass sie offenbar nicht die nötigen Fortschritte erzielten. Ein wenig mehr Kooperation zwischen den Alphas und Betas und weniger Beschäftigung mit der Frage, wem die Schuld zu geben sei, wäre sicherlich nützlicher. Aber selbst dann … Ein kleiner Teil davon war eben typisch Erdmännchen, dachte er. Also legte er sich noch stärker ins Zeug.

Nach einigen Nächten ohne ausreichend Schlaf begann sich Nicholas nicht mehr so stark und selbstsicher zu fühlen wie gewohnt.

Nadia war in Gedanken bei ihren Kleinen und der Frage, was sie an jenem Tag oder in jener Stunde hätte tun müssen, aber sie begann sich auch mit weitreichenderen Fragen zu beschäftigen. Woher nur kam so plötzlich ein Geier? Keiner wusste es. Er war rasend schnell und hat in kürzester Zeit ein großes Terrain überflogen, dachte sie. Hatte die Dürre ihn dazu gebracht, sein Jagdgebiet auszuweiten? Und ein verstörender Gedanke regte sich und lastete auf ihr, als sie zwei und zwei zusammenzählte. Wenn das stimmte, war ein Geier vielleicht nur die erste neue Bedrohung, die sich gezeigt hatte. Würden schon bald weitere Räuber folgen?

Wachehalten auf dem Baumwipfel

Ayo hatte immer schon Wächter sein wollen, ein besonders guter Wächter, als Nicholas ihn vor einem Jahr angeworben hatte. Einige seiner Freunde betrachteten den Wachdienst als lästige Pflicht oder als etwas, das ihnen als Clanangehörige einfach auferlegt war. Aber für Ayo bedeutete er viel mehr. Wenn er Wache hielt, konzentrierte er sich zu 100 Prozent auf seine Arbeit. Und wenn er nicht Wache hielt, dachte er über das Wachehalten nach und darüber, wie er es perfekt versehen könnte. Er war tatsächlich ein Wache-Nerd.

Als Ayo von seinem Posten zurückkehrte, lief er zufällig seiner allerbesten Freundin Nadia über den Weg. Schon in der Kinderzeit hatten die beiden gern Zeit miteinander verbracht, obwohl sie in mancher Hinsicht sehr verschieden waren – Nadia extrovertiert, mit großer Neugier und vielen Interessen, Ayo immer ganz konzentriert und, sagen wir mal, nicht mit großem sozialen Interesse und Talent gesegnet.

Auf seine typisch nachdrückliche und irgendwie abrupte Art sagte Ayo: »Komm, ich zeige dir was«, und zog Nadia mit sich. Obwohl in Gedanken immer noch bei den ungelösten Problemen und Krisen, ging sie kommentarlos und ohne zu fragen mit ihm.

Sie kamen zu dem größten Baum weit und breit. »Klettern wir hinauf«, sagte er und klammerte sich an den Stamm, grub seine scharfen Krallen in die Rinde und kletterte ein paar Meter hoch.

»Ich kann nicht klettern«, sagte Nadia.

»Woher weißt du das?«, fragte Ayo.

»Ich habe es noch nie getan«, erwiderte Nadia und merkte sofort, wie unsinnig ihre Antwort war.

Ein paar Minuten später befanden sie sich rund zehn Meter über dem Boden. »Weiter hinauf steige ich nicht«, verkündete Nadia fest entschlossen.

»Musst du auch nicht. Schau dich mal um!«, sagte Ayo.

Sie saßen nebeneinander auf zwei dicken Ästen und blickten über das weite Terrain.

»Wow«, entfuhr es Nadia unwillkürlich. Es war das Erstaunlichste, was sie seit langer Zeit getan und gesehen hatte.

In der folgenden halben Stunde sprach Ayo ununterbrochen darüber, wie man das Wachehalten revolutionieren könnte. »Von hier oben erkennt man Gefahren schneller als am Boden, dadurch gewinnt man mehr Reaktionszeit. Man sieht diesen schrecklichen Geier viel eher, wenn er heranfliegt, stimmt's?«

Ja, das ist wahr, dachte Nadia. Das war eine tolle Idee. Sie mussten mit Nicholas darüber sprechen.

Sitzungen, Berechnungen, Task Forces, Strategien, Personaleinsatz, Planungen …

Die Alphas verbrachten mehr Zeit mit Sitzungen denn je. Sie führten untereinander lange Unterredungen über so einige Betas, die ihrer Ansicht nach ihrem Job nicht gewachsen waren. Und darüber, wer sie ersetzen könnte. Und darüber, wie sich das unvermeidliche Drama des Überbringens schlechter Nachrichten an die Unqualifizierten am besten handhaben ließe.

Die Alphas trafen sich jetzt jeden Morgen und jeden Nachmittag mit den Betas. Unter anderem beschlossen sie folgende Maßnahmen:

- Überprüfung der Methode zur Abwehr von Schlangenangriffen. Die gegenwärtige Methode, entwickelt im Laufe der Jahre, bestand aus sieben Stufen. Nach einer zweieinhalbstündigen Diskussion über die zweite Hälfte der vierten Stufe wurde eine Task Force gebildet und beauftragt, die Aufgabe zu Ende zu bringen.
- Überprüfung der Organisationsstruktur. Zwei Familienoberhäupter plädierten (logischerweise) angesichts der neuen Lage dafür, die Wach- und Erdhöhlen-Einheiten aufzulösen und diese Aufgaben

den Familieneinheiten zu übertragen. Der Chef der Erdhöhlen schlug hingegen vor, die Erdhöhlenbetreuung und den Wachdienst unter seiner Führung zusammenzulegen.

- Weitere Diskussion der ersten Version der Kennzahlen zu Angebot und Verbrauch von Nahrung. Der jüngste Vorschlag hatte einiges für sich, erforderte aber 23 Messgrößen.
- Prüfung des neuen Trainingsplans für den gesamten Clan zum (Wieder-)Erlernen bzw. Einüben der vier Alarmsignale und der entsprechenden Reaktionen.

	Niedriger Alarm	**Hoher Alarm**
Angriff am Boden	Signal 1	Signal 2
Angriff aus der Luft	Signal 3	Signal 4

Wenn die Bosse nicht in Sitzungen zusammenhockten, kommandierten und kontrollierten sie mehr denn je, angetrieben vor allem von Mara. Warum auch nicht? Mara hatte mehr Erfahrung als jeder andere. Sie wusste

mehr. Also erteilte sie Anweisungen, weitere Anweisungen und noch mehr Anweisungen – oder genauer gesagt: laute Anweisungen. Auch sich selbst setzte sie enorm unter Druck, gönnte sich nie eine Pause und erwartete von den anderen das Gleiche. Eine Folge war, dass die Betas und viele andere im Clan zunehmend unter Stress litten. Ihre Jobs waren plötzlich nicht mehr nur anspruchsvoll, sondern aufreibend.

Im Clan wurde darüber spekuliert, womit sich die Bosse bei ihren Treffen überhaupt beschäftigten, denn es gab darüber keine klare Kommunikation. Das veranlasste jene Erdmännchen, die leicht zu verängstigen

waren, und alle, die den Bossen »da oben« noch nie über den Weg getraut hatten, allerhand unzutreffende Nachrichten zu verbreiten. Die breit angelegte Strategie, die den Alphas vorschwebte, verstand außer ihnen im Grunde nur ein halbes Dutzend Eingeweihte.

Dann verschärften zusätzliche Folgen des ständig größer werdenden Nahrungsproblems die Lage noch weiter.

Man könnte meinen, Erdmännchen würden täglich im Fitnessstudio trainieren, denn sie haben kein Gramm Fett am Körper. Das Gute daran ist: Dank ihrer genetischen Ausstattung müssen sie sich nicht in einem Kalahari-Bodybuilding-Studio abquälen und schleppen dennoch keinen Rettungsring am Bauch mit sich herum. Und das weniger Gute: Sie verfügen über keinerlei Fettreserven, so dass ein einziger Tag ohne Nahrung zum Problem wird, zwei Tage ohne Nahrung zu einem gravierenden Problem und drei Tage ohne Nahrung tödlich enden können. Nachdem es zunehmend schwieriger wurde, ausreichend Nahrung zu finden, begannen immer mehr Erdmännchen, nur noch ihre ureigenen persönlichen Interessen zu verfolgen. Die Stärkeren bestahlen die Schwächeren. Als die Alphas davon erfuhren, befahlen sie den Betas, ihre Familien, Wachen und Höhlenbetreuer anzuweisen, alles dafür zu tun, dass der Clan nicht in einen verhängnisvollen Strudel geriet,

in dem nur die Stärksten überleben würden. Die Ermahnungen der Betas zeitigten eine gewisse Wirkung, lösten aber das Problem nicht. Manche verzweifelte Erdmännchen gingen daraufhin bei ihren Selbsterhaltungsaktionen nur umso heimlicher zu Werke.

Der letzte Strohhalm

Ayo kletterte von dem Baum herunter, auf dem er die ganze Zeit Wache gehalten hatte. Seine Schicht war zu Ende und die Ablösung bereits eingetroffen. »Nicholas will dich sprechen«, teilte ihm sein Kollege mit.

Endlich!, dachte Ayo. Er hatte schon dringend um ein Gespräch mit seinem Boss ersucht, um ihm seine Entdeckung mitzuteilen, aber Nicholas war anscheinend ständig in Sitzungen mit anderen Betas oder anderweitig beschäftigt. Obwohl Ayo den ganzen Tag noch nichts gegessen hatte, fühlte er sich beschwingt. Jetzt konnte er Nicholas seine Idee erläutern.

Noch bevor Ayo ein Wort sagte, erklärte der verschlossen wirkende, müde und unfreundlich dreinblickende Nicholas in strengem Ton: »Ayo, ich habe von anderen Wachen Bericht erhalten, dass du die Regeln beim Wachehalten missachtet haben sollst. Ist es wahr, dass du während deines Dienstes auf einen Baum gestiegen bist?«

Ayo ließ sich von Nicholas' Worten und Tonfall nicht einschüchtern, sondern erwiderte ebenso nachdrücklich: »Ja, das stimmt. Von dort oben habe ich ein weiteres Blickfeld und …«

»Halt!«, unterbrach Nicholas ihn barsch. »Den Wachen ist nicht erlaubt, ihren Posten zu verlassen, unter

keinen Umständen! So machen wir das hier nicht. Niemals! Und das weißt du! Was hast du dir dabei nur gedacht? Dein Mangel an Disziplin ist sehr enttäuschend und angesichts der Umstände unentschuldbar. Wir müssen uns hundertprozentig darauf verlassen können, dass die Wachen ihren Job erfüllen. Deshalb sehe ich mich gezwungen, deinen Fall vor den Rat zu bringen, damit wir für dich eine andere Verwendung finden. Du wirst nicht mehr als Wache arbeiten.«

Ayo konnte nicht glauben, was er da hörte. »Nicholas, ich habe eine Möglichkeit entdeckt, das Wachehalten wesentlich zu verbessern …«

»Ayo, deine guten Absichten spielen keine Rolle. Ich habe keine Zeit, darüber noch länger zu diskutieren. Es tut mir wirklich leid.« Nicholas wandte sich um und ging davon.

Ayo war wie vor den Kopf geschlagen. Er stolperte und brach neben einem Busch zusammen. Er wusste nicht, ob er laut schreien sollte – oder heulen.

Als Nadia hörte, was ihr älterer Bruder, den sie so sehr bewunderte, getan hatte, war auch sie wie vor den Kopf geschlagen. Sie versuchte, ihn zu sprechen, aber es hieß, er befinde sich in einer Sitzung. Also setzte sie sich mit Ayo zusammen.

Die beiden, frustriert, verwirrt und mutlos, unterhielten sich lange, bis Ayo auf einmal stumm und ziel-

los in die Ferne blickte. Dann sagte er: »Nadia, so kann ich nicht leben. Ich bin keine Hilfe mehr. Ich bin gescheitert. Es ist verrückt. Ich verlasse den Clan. Ich werde einen anderen finden, wo ich vielleicht von Nutzen bin.«

Nadia war entsetzt.

»Ich bin auch nicht der Erste, der geht«, sagte Ayo zu ihr. »Der beste unserer Höhlenbetreuer und zwei weitere sind gestern auf und davon.«

Nadia wusste von dem Gerücht, dass Zuberi, der für die Höhlen zuständig war, und womöglich auch einige seiner sehr kompetenten Freunde den Clan plötzlich verlassen hatten.

Abgesehen von Nicholas war Ayo derjenige, der Nadia am nächsten stand. Sie konnte sich nicht vorstellen, wie ihr Freund, der außer dem Wachehalten nur sehr wenig beherrschte, allein auf sich gestellt in der Wüste überleben wollte. »Wenn das so ist«, erklärte sie schnell entschlossen, »komme ich mit!«

Seit Tagen beschäftigte sie ein Gedanke. Andere Erdmännchen-Clans standen doch bestimmt vor ähnlichen Problemen. Wie gingen sie damit um? Sicher hatte zumindest ein Clan eine bessere Möglichkeit entdeckt, oder? Jemand musste das herausfinden und dies ihren Freunden und ihrer Familie mitteilen.

Nadia erklärte Ayo ihre ungewöhnliche Idee. Sie

sprachen darüber, dann waren sie sich einig: Warum sollten dieser »Jemand« nicht sie beide sein?

Nadia versuchte erneut, mit Nicholas zu sprechen – dieses Mal aber, um ihm kundzutun, dass sie und Ayo beschlossen hatten, fortzugehen und nach einer Lösung zu suchen, die besser wäre als die Methode, mit der der Clan die neuen Probleme in den Griff zu bekommen versuchte. Wie immer war Nicholas in Eile und hastete an ihr vorbei, als sie ihn ansprach.

»*Nicholas, hörst du mir zu?*«, rief sie lauter als gewollt. »Ich gehe fort.«

Er hob den Blick von der langen Liste der Dinge, die er zu erledigen hatte, und sah seine Schwester an. »Was sagst du da? Das meinst du doch nicht im Ernst. Was läuft da bei dir schief, Nadia?«

»Alles läuft schief!«, sagte sie. »Der Clan bricht auseinander, und das Einzige, was der Rat dagegen unternimmt, ist Reden und Herumkommandieren, und das habe ich gründlich satt.«

Dann brach all die Frustration aus ihr heraus, die sich in den letzten Wochen angestaut hatte. »Ich bin es leid, dabei zuzusehen, wie du dich erschöpfst. Ich bin es leid, dass manche von uns sich offenbar nur noch um sich selbst kümmern. Ich bin das endlose Palavern darüber leid, wer an allem schuld ist. Ich bin es leid, dass keiner den Leuten zuhört, die Ideen haben, wie man das ver-

bessern kann, was ihr alle anscheinend für die beste und einzig mögliche Vorgehensweise haltet. Ich habe die Nase voll, zu erleben, wie diejenigen, die helfen wollen, heruntergeputzt und angeraunzt werden, sie sollen einfach stillhalten und auf Anweisungen warten. Und der Oberste Rat, einschließlich dir, handelt, als würde er das alles nicht sehen.«

Sie erklärte ihm ihre Idee, nach Clans zu suchen, die eine bessere Umgangsweise mit den neuen Bedrohungen gefunden hatten, und mit dieser Information dann zurückzukehren. Nicholas starrte sie an, als würde sie in einer ihm unbekannten Sprache reden.

»Die Lage wird sich wieder bessern«, sagte er, auch wenn er selbst nicht ganz davon überzeugt war. »Meine Wachen haben in den letzten Tagen erfolgreich eine Reihe von Maßnahmen erprobt. Und du selbst hast erkannt, dass wir über beachtliche Stärken verfügen, die uns geholfen haben, dass es uns jahrelang sehr gutging.«

Nadia nickte müde und sagte nichts mehr – sie hatte begriffen, dass es nichts mehr zu sagen gab.

»Es ist zu gefährlich, durch die Wüste zu vagabundieren!«, sagte Nicholas. »Das weißt du doch.«

»Ja, Nicholas«, erwiderte sie, »und es macht mir schon auch Angst. Aber hier gibt es keine Hoffnung mehr. Und ohne Hoffnung ist das Leben unerträglich.

Vielleicht finden Ayo und ich keinen Clan, der es besser macht als wir hier – aber ich glaube das nicht. Wir müssen es einfach versuchen.«

Erdmännchen haben die außergewöhnliche Fähigkeit, buchstäblich ihre Ohren zu verschließen, eine Erfindung der Natur zum Schutz ihres Kopfes vor dem Sand, wenn sie Erdhöhlen graben. Nicholas grub zwar jetzt keine Höhle, aber Nadia sah, dass die Ohren ihres Bruders fest verschlossen waren.

Sie umarmte Nicholas fest, ließ ihn schließlich los, wandte sich rasch um und lief davon, damit er ihre Tränen nicht sah. Die letzten Stunden des Nachmittags verbrachte sie damit, einer anderen Älteren Schwester die Betreuung ihrer Kleinen zu übertragen und nachzudenken.

Es ergab keinen Sinn: Fast unmittelbar nachdem sie die Überzeugung gewonnen hatte, dass ihr Bruder und der Clan das Richtige taten und das Clan-Management tolle Arbeit leistete, versagte dieses Management jetzt vollständig bei der Aufgabe, mit den neuen Problemen fertigzuwerden.

Diese Kästchen, Pläne und Regeln eigneten sich nicht … wofür? Für die Abwehr des Geiers? Aber sie wusste, dass dies nicht ganz stimmte. Es ging um noch viel mehr. Es ging um neue Herausforderungen, für die keine Lösungen und Vorgehensweisen parat standen, Herausforderungen, die urplötzlich entstanden waren. Angesichts dieser Veränderungen fiel dem Clan-Management nichts wirklich Hilfreiches ein. Kreative Ideen wie die von Ayo wurden zurückgewiesen, weil sie nicht der bisher praktizierten Methode entsprachen, eine Methode, die lange sehr gut funktioniert hatte. Aber das war keine Lösung.

Bei Sonnenuntergang brachen Ayo und Nadia auf.

3

Die Reise

Auf Sicherheit bedacht, beschlossen Nadia und Ayo, des Nachts so schnell wie möglich zu wandern und tagsüber in verlassenen Erdhöhlen zu schlafen.

Nach zwei Nächten stießen sie auf einen anderen Clan. Es war kurz vor der Morgendämmerung. Sie setzten sich und warteten, bis der Clan erwachte. Als die fremden Artgenossen aus ihren Höhlen krabbelten, schätzten die beiden Reisenden ihre Zahl auf 60 bis 80.

»Seltsam«, sagte Nadia zu Ayo, »keiner scheint Notiz von uns zu nehmen.«

»Miserable Wachen«, erwiderte er.

Sie beobachteten das Treiben des Clans, und es war kein schöner Anblick.

Rasch erkannten sie, dass im Vergleich zu der hier herrschenden Aufgeregtheit alles, was in ihrem Heimatclan vor sich ging, ruhig erschien. Obwohl die meisten der Erdmännchen emsig umherliefen, konnte man nicht erkennen, dass sie viel zustande brachten. Diejenigen, die das Sagen zu haben schienen, schrien genauso herum und erteilten Befehle wie die entsprechenden Leute bei ihnen zu Hause, aber hauptsächlich blieb es beim Herumschreien. Und es hatte nicht den Anschein, dass selbst Routinearbeiten – das Füttern der Kleinen, die Reparatur beschädigter Höhlen – gut ausgeführt wurden.

Als Nadia versuchte, mit Angehörigen des Clans zu reden, erhielt sie fast immer dieselbe Antwort: »Tut mir leid, ich hab's eilig. Keine Zeit. Ich muss …« Und weg war das Erdmännchen. Als es ihr schließlich gelang, eine dieser gehetzten Gestalten aufzuhalten, erfuhr sie, dass der hiesige Clan größtenteils dieselben Probleme hatte wie Nadias eigener. Aber soweit sie feststellen konnte, war alles, was Nicholas als Chef der Wachen tagtäglich und selbst unter den plötzlich erschwerten Bedingungen tat, dieser Gruppe so gut wie unbekannt. Und nichts wies darauf hin, dass es bahnbrechende Ideen gegeben hätte, wie man mit den schrecklichen neuen Umständen zurechtkommen könnte.

Wer in diesem Clan die Alphas waren, war hingegen

leicht zu erkennen. Eine Schar von acht bis zehn Erdmännchen schlappte hinter ihnen her, wohin immer sie auch gingen. Die übrigen Clanangehörigen aber schienen fast geschlossen den Bossen aus dem Weg zu gehen und sofort eine andere Richtung einzuschlagen, sobald einer von ihnen in ihrer Nähe auftauchte.

Abends unterhielten sich Nadia und Ayo ausgiebig miteinander. Sie hatten unweigerlich den Eindruck, dass dieser Clan zum Untergang verurteilt war. Was für eine schreckliche Vorstellung.

Man kann Lehren daraus ziehen, dachte Nadia, aber sie brauchte noch Zeit, um sich klar darüber zu werden, worin genau diese Lehren bestanden. Klar war nur, dass

es sinnlos war, bei diesen zum Scheitern Verdammten zu bleiben, denen sie nicht im Geringsten helfen konnten.

Nach nur einem Tag Aufenthalt brachen die beiden wieder auf.

Bald trafen sie auf weitere Clans. Aber angesichts der Dürre waren sie bei den meisten nicht willkommen, und einige jagten sie sogar regelrecht davon. Andere wiederum ähnelten dem zum Scheitern verurteilten Clan oder sahen einfach wie eine kleinere Version ihres Heimatclans aus.

Das Wandern in den kalten Nächten, das immerzu karge Essen und der Schlaf tagsüber, der kaum Erholung brachte, forderten rasch ihren Preis. Aber jedes Mal, wenn einer von beiden laut darüber nachdachte, ob sie ihre Erkundung wirklich fortsetzen sollten, fand der andere Worte oder Gesten des Durchhaltens. Also zogen sie weiter.

Gelegentlich begegneten sie anderen herumwandernden Erdmännchen. Aber die meisten wirkten ein wenig seltsam. Deshalb waren Nadia und Ayo erst einmal skeptisch, als sie Matt über den Weg liefen.

Matt war größer als die meisten Erdmännchen und etwas älter als Nadia und Ayo. Die beiden hatten den Eindruck, dass er schon eine ganze Weile auf Wanderschaft war.

Nach ein wenig Smalltalk zwischen Leidensgenossen fragte ihn Nadia, warum er allein in der Kalahari umherstreifte.

Daraufhin erzählte Matt ihnen die tragische Geschichte seines Clans, der für die neuen Bedrohungen keine Lösungen gefunden hatte und auseinandergebrochen war. Familienverbände hatten sich aufgelöst, der Wachdienst hatte nicht mehr funktioniert. Schließlich waren nur noch die Erdhöhlen sorgfältig gepflegt worden, obwohl dafür nur noch die Hälfte an Betreuern zur Verfügung gestanden hatte. Und Matt war ein für die Höhlen zuständiger Beta gewesen.

Ayo mochte Matt auf Anhieb, weil er offensichtlich hohe Ansprüche an seine Arbeit hatte und sie sehr ernst nahm. Und Nadia dachte sofort an ihren Bruder, den sie bereits sehr vermisste und der, wie sie vermutete, viel mit Matt gemeinsam hatte.

»Komm mit uns«, sagte sie spontan zu Matt. Ayo schwieg kurz, dachte offenbar nach und nickte schließlich. Matt war überrascht, freute sich aber und willigte rasch ein.

Als sich die drei ein wenig ausruhten, sagte Matt zu seinen neuen Begleitern: »Ich habe von einem Clan gehört, der vor kurzem entstanden ist, gern neue Mitglieder aufnimmt, genügend Nahrung hat und von keinem Geier oder all den Schlangen geplagt wird.«

Das machte Nadia und Ayo neugierig.

»Ich habe ihn noch nicht gefunden, obwohl ich schon seit drei Tagen nach ihm suche.« Matt zeichnete eine detailgenaue Karte in den Sand, das Ergebnis seiner Erkundungen. »Angeblich sind sie ungefähr hier«, sagte er und deutete auf einen Punkt.

Da führte Ayo ihn zu einem großen Baum in der Nähe. Er solle hinter ihm hochklettern, sagte Ayo, und in weniger als einer Minute waren sie beide im Wipfel.

»Wo würdest du in dieser Ebene einen Clan ansiedeln?«, fragte Ayo.

»Wow«, sagte Matt, genau wie Nadia damals, als sie zum ersten Mal den Ausblick von der Spitze eines Baums genossen hatte. Es dauerte eine Weile, diese spektakuläre neue Perspektive in sich aufzunehmen und alles zu erfassen, was man sah. Nach einer kurzen Pause deutete Matt auf einen Punkt etwa fünf Kilometer entfernt. »Dort!«, sagte er.

Wieder wanderten sie nachts. Am nächsten Morgen stießen Nadia, Ayo und Matt auf einen kleinen Clan. Und es dauerte nur wenige Minuten, bis sie erkannten, dass dieser Clan anders war als alle übrigen.

Eine ganz andere Methode

Der Clan bestand aus nur einem Dutzend Mitgliedern, die allesamt im Kreis beisammensaßen. Gerade als Nadia, Ayo und Matt eintrafen, schien eine Sitzung zu beginnen. Diejenigen, die das Trio herbeikommen sahen, lächelten sie an oder warfen ihnen zumindest keine feindseligen Blicke zu. Die Leiterin der Gruppe, die Lena hieß und den Clan gegründet hatte, wie sie später erfuhren, bat die Ankömmlinge, sich zu ihnen zu setzen und zu warten, bis das Treffen beendet war. Dann eröffnete sie die Sitzung mit den Worten:

»Wir wissen, dass in diesem Jahr der Regen spät kommt, später denn je. Aber wir waren bislang so klug, nicht zuzulassen, dass daraus ein Problem entsteht.« Sie lächelte den anderen zu. »Wir wissen nicht, warum der Regen ausbleibt, und wir können ihn auch nicht herbeizaubern.«

Zwei Zuhörer kicherten leise.

»Aber«, fuhr sie fort, »was wir tun können, ist, darauf vorbereitet zu sein, falls der Regen morgen nicht kommt – oder übermorgen oder übernächste Woche. Stimmt's?«

Die Zuhörer nickten zögernd.

»Nicht dass wir uns dieses Problem herbeigewünscht hätten – aber eine kluge Lösung kann uns zu einem noch stärkeren und besseren Clan machen. Also liegt hierin eine Chance.«

Lena lächelte einmal mehr, und die meisten Zuhörer nickten einmal mehr. Nadia war gebannt.

Lena fuhr fort: »Möchte uns jemand helfen, darüber nachzudenken, wie wir mit dieser … Chance besser umgehen können?«

Fast unmerklich hob sich langsam eine Pfote, und sagte Lena: »Ja, Tamu. Wir wollen Tamu applaudieren.«

Das taten auch alle. Diejenigen, die wussten, dass Lena Tamu ermutigt hatte, sich freiwillig zu melden, grinsten und klatschten am lautesten.

»Sammeln wir zuerst einmal Ideen«, sagte Tamu vorsichtig und leise. »Und kommentiert bitte noch keine. Erst einfach nur sammeln.«

Die anderen riefen ihm ihre Einfälle zu. Tamu schrieb sämtliche Vorschläge an verschiedenen Stellen des Versammlungsplatzes in den Sand. Einmal rief jemand etwas, aber noch bevor Tamu die Idee notieren konnte, schlug ein anderer schon etwas vor, wie sie noch zu verbessern sei. Der Urheber der ursprünglichen Idee dachte einen Moment lang nach, dann lächelte er und nickte entschieden.

Als sieben Vorschläge gesammelt waren und keine weiteren mehr geäußert wurden, bat Tamu um eine Abstimmung mit den Hinterpfoten: Jeder sollte zu dem in den Sand geschriebenen Vorschlag gehen, der ihm am besten gefiel. Bis auf zwei Teilnehmer wählten alle einen von drei Vorschlägen. Daraufhin schlug Tamu vor, sich auf diese drei zu konzentrieren, womit die Gruppe sofort einverstanden war. Dann bat er sie, zu erklären, was ihnen an dem jeweiligen Vorschlag gefiel, den sie favorisierten. Und anschließend fragte er die Übrigen, welche möglichen Probleme sie bei den einzelnen Vorschlägen sahen.

In der anschließenden Diskussion nahmen zwei der drei Vorschläge so weit konkretere Gestalt an, dass ersichtlich wurde, auf welche Weise sie das verstärken

könnten, was den Erdmännchen gefiel, und das reduzieren, was ihnen missfiel. Nadia verfolgte das Geschehen mit weit aufgerissenen Augen. Sie hatte nie etwas erlebt, was dem auch nur entfernt ähnelte.

»Können wir alle drei Vorschläge realisieren?«, fragte Tamu schließlich.

»Nein!«, lautete die klare Antwort von fast allen in der Gruppe.

»Seid ihr bereit, die Idee zu unterstützen, die die meisten Stimmen erhält?«

»Ja!«, rief die Gruppe laut.

Bei der neuerlichen Abstimmung stellte sich ein ziemlich eindeutiger Sieger heraus. Es war der Vorschlag »Das Essen teilen«.

Das Konzept war simpel, aber wegen aller möglichen Hemmnisse nur schwer umzusetzen. »Das Essen teilen« bedeutete, alles Nahrhafte, was man fand, nicht mehr allein für sich zu behalten. Stattdessen sollte das, was über das für den Einzelnen absolut Notwendige hinausging, zusammengetragen und jenen zur Verfügung gestellt werden, die Not litten. Einfach gedacht, aber eine recht radikale Idee in der Welt der Erdmännchen.

»Und was ist mit dem zweitplazierten Vorschlag?«, fragte Tamu. Jemand regte an, ihn im Hinterkopf zu behalten, falls sich die Idee mit dem Essenteilen nicht

praktizieren ließ. Damit schien die Gruppe einverstanden zu sein. Dann blickten alle auf Lena, die lächelte und nickte.

»Wir brauchen Freiwillige«, sagte sie, »die uns den Weg weisen, wie wir die Idee anpacken und umsetzen können. Wer macht mit?«

Fünf Pfoten reckten sich. »Sehr gut«, sagte Lena. »Danken wir Tamu für eine sehr produktive Diskussion.« Alle taten das, und damit war die Sitzung beendet.

Während die Teilnehmer auseinandergingen, trat die Sitzungsleiterin auf die drei Neuankömmlinge zu.

»Hallo, ich bin Lena. Und wer seid ihr?«

Sie stellten sich vor und erzählten ihr kurz ihre Geschichte. Lena lauschte ihnen aufmerksam, ohne sie zu unterbrechen. Als sie zu Ende erzählt hatten, sagte Lena, sie wäre erfreut, wenn sie sich ihrem Clan anschließen würden. Die drei erwiderten, dies sei ihnen eine Ehre.

»Und was ist mit dem Geier?«, fragte Ayo. »Ist er auch hier gewesen?«

»Oh ja«, sagte Lena. »Aber er hat keinen Schaden angerichtet, auch wenn er das bestimmt im Sinn hatte. Alle von uns sind das, was man in Clans üblicherweise als ›Wachen‹ bezeichnet. Als einer aus unserer Gruppe den Geier erspäht hatte, rief er nach Leibeskräften Alarm. Da sind wir alle flugs in die Höhlen gesprungen,

und damit war die Sache ausgestanden. Nach dem Angriff hat Satu eine Gruppe gegründet, die einen Vorschlag ausarbeitete, wie wir uns größere Sicherheit verschaffen können. Ihr solltet mit ihm reden und euch das Projekt erklären lassen. Das würde ihm gefallen. Seit einer Weile ist der Geier nicht mehr aufgetaucht. Wahrscheinlich ist es für ihn anderswo einfacher und weniger frustrierend, an Beute zu kommen.«

Jemand rief nach Lena, und sie entschuldigte sich, um nach einem Angehörigen ihres Clans zu sehen, der offenbar krank war.

Nadia hatte so viele Fragen, dass sie gar nicht wusste, womit beginnen. Aber erst einmal suchten sie, Ayo und Matt sich etwas zu essen und einen Platz zum Ausruhen. Nach dem Aufwachen fragte sie verschiedene Clanmitglieder, wie sie einen Termin bei Lena bekommen könnte, und erntete dafür nur verwunderte Blicke. »Geh einfach zu ihr und rede mit ihr«, sagten alle. Und das tat Nadia.

Das Essen teilen und andere ungewöhnliche Ideen

Nadia erfuhr, dass dieser Clan erst seit ein paar Monaten bestand. Er war von Lena und sieben anderen Mitgliedern gegründet worden, die einen größeren Clan verlassen hatten, weil es ihnen missfiel, wie er geleitet wurde. Jetzt machten sie es nach eigenem Gutdünken.

Damit Nadia die hiesige Vorgehensweise besser verstehen lernte, lud Lena sie ein, nachmittags am ersten Treffen des Freiwilligenteams teilzunehmen, das sich mit dem Projekt »Essenteilen« befasste.

Nadia nahm die Einladung an.

Tamu verspätete sich ein wenig; die Gruppe hatte es sich bereits im Schatten eines großen Baums, ihrem üblichen Sitzungsort, bequem gemacht. »Tut mir leid, ich bin zu spät«, sagte Tamu.

»Kein Problem«, erwiderte einer der Teilnehmer. »Wir haben gerade darüber gesprochen, wen wir gern als Leiter unseres Teams hätten.« Tamu merkte, dass alle Blicke auf ihn gerichtet waren. Sie sahen ihn freundlich an, ermutigend. Dennoch fühlte er sich ein wenig unwohl.

»Ihr meint …?«, fragte er.

»Ja, Tamu«, sagte eines der Erdmännchen. »Wir hätten dich gern als Teamleiter. Bist du einverstanden?«

Viele Gedanken schossen ihm durch den Kopf, und er wurde ein wenig nervös. Aber es war auch ein glücklicher Moment für ihn. In seinem früheren Clan hatte er keinerlei wichtige Rolle gespielt. Und er war umhergewandert, einsam und verängstigt, auf der Suche nach einem neuen Zuhause, nachdem sein Familienverband auseinandergebrochen war. »Einverstanden«, hörte er sich sagen. Ein paar der Anwesenden klatschten.

Dann diskutierten sie die Frage, wie ein erfolgreiches Essenteilen aussehen würde, wie man dem Clan die Vorzüge dieses Projekts vermitteln könnte und was nötig sei, um die anderen zu motivieren, das Vorhaben so schnell wie möglich zu verwirklichen.

»Können wir nicht einfach die Order ausgeben, dass alles Essen geteilt werden muss?«, schlug ein ungeduldiges Neumitglied des Clans vor. Doch das wurde einhellig abgelehnt: »In unserem Clan hat niemand das Recht, anderen etwas vorzuschreiben. So machen wir das hier nicht.«

Der Neuankömmling blinzelte zweimal. Nach dem, was er seit seinem Beitritt zu der Gruppe bereits erlebt hatte, war er nicht völlig überrascht von dieser Antwort. Aber es erschien ihm dennoch als eine ziemlich radikale Idee. Die Diskussion, wie man das Projekt Essenteilen verwirklichen könnte, ging hin und her, bis jemand schließlich vorschlug: »Unser Clan besteht aus 15 Erd-

männchen, wenn man die jüngsten Neuankömmlinge hinzuzählt, und in unserem Team hier sind wir fünf. Wie wäre es, wenn wir fünf einfach damit anfangen, unsere Beute zu teilen?«

Da keiner eine bessere Idee hatte, beschlossen sie, es sei einen Versuch wert.

Am folgenden Tag setzten sie sich im Halbkreis zusammen, und alle legten ihre Beute auf eine Platte, die eines der Teammitglieder aus einem ausgehöhlten Stück Holz angefertigt und mit Blättern dekoriert hatte. Es dauerte nicht lange, bis in dieser recht seltsamen Szenerie die ersten Neugierigen erschienen, von denen einige ziemlich hungrig waren. Tags darauf versammelten sich acht Erdmännchen an diesem Treffpunkt, um ihr Essen zu teilen, am übernächsten Tag waren es bereits zehn. Nadia fiel auf, dass jene, die sich von der Platte nahmen, am Tag darauf sehr darum bemüht waren, zum gemeinsamen Mahl selbst etwas beizusteuern. Niemand zählte mit, führte Buch oder schien das auch nur im Sinn zu haben, aber offenbar fanden die Erdmännchen mehr Nahrung und bestimmt nicht weniger als zu der Zeit bevor das Projekt Essenteilen gestartet worden war.

Das dafür zuständige fünfköpfige Team feierte seinen Erfolg bei seinem nächsten Treffen. Lena nahm daran teil und gratulierte allen zu ihrer Idee und kreativen

Leistung. Und in vielen Gesprächen in den folgenden Tagen erwähnte sie beiläufig, aber immer wieder, wie stolz sie auf alle war, die zum Gemeinschaftsessen kamen und ihre Beute teilten.

Nadia war rundum begeistert. Schon nach wenigen Tagen adoptierten die beiden Kleinen des Clans sie als eine Art »Ältere Schwester« und suchten ständig ihre Gesellschaft. Sie freute sich darüber, wollte aber zuerst herausfinden, wer offiziell die Verantwortung für die Betreuung des Nachwuchses trug. Doch sie erfuhr, dass niemand speziell dafür zuständig war, denn es gab keine »Jobs« in dem Sinne, wie sie sie kannte. Keine Chefs oder Wachen. Und keine Familienoberhäupter. Ein Mitglied des Clans hatte sich der Kleinen angenommen und half freiwillig bei ihrer Aufzucht und ihrem Schutz. Er freute sich, dass Nadia ihn unterstützte. Die beiden trafen sich gelegentlich, um sich darüber auszutauschen, was gut funktionierte, was weniger gut und was sie bei der Betreuung der Kleinen verbessern konnten.

Ayo hatte mittlerweile die Gegend nach den besten Standorten für Wachposten erkundet. Rasch fand er ein halbes Dutzend Möglichkeiten, wie sich das Wachehalten verbessern ließ. Einige der eher jüngeren Erdmännchen sahen und hörten ihm fasziniert zu und baten ihn, sie als Wachen auszubilden. Er erklärte sich freudig dazu bereit.

Bei der Inspektion der Erdhöhlen stellte Matt fest, dass sie nicht in besonders gutem Zustand waren. Als er darüber mit Lena sprach, bat sie ihn freudestrahlend, sich Freiwillige zu suchen und das zu tun, was er für richtig hielt. Und das tat er.

Tamu seinerseits stolperte buchstäblich über einen potenziell grandiosen Einfall, der ihm dank eines (für ihn) gigantischen Elefantenhaufens kam.

Nachdem er seine Pfote gesäubert hatte, fiel ihm auf, dass es in dem Haufen von Hunderten, wenn nicht Tausenden kleiner weißer Larven wimmelte. Er musterte sie genauer, reinigte sie mit Sand und unterzog sie einer Geschmacksprobe, anfänglich mit tiefem Stirnrunzeln. Aber seine Miene hellte sich schnell auf, als er feststellte, dass sie recht köstlich und saftig schmeckten. Da schoss es ihm wie ein Blitz durch den Kopf. Wie wäre es, den Elefantendung zu sammeln und eine Art Kleine-Larven-Farm einzurichten, mit deren Erzeugnissen man das gemeinsame Mahl ergänzen könnte? Wäre das ein wichtiger Beitrag zur Lösung ihres Nahrungsproblems?

Tamu erläuterte den anderen seine Vorstellung. Nur wenige waren von der Idee begeistert, kleine Larven zu verspeisen, die aus einem Haufen Du-weißt-schon-was herauskrochen, und noch weniger davon, aus dem Dung Bälle zu formen und diese zu der Stelle zu rollen, wo die

Farm entstehen sollte. Wem das nicht gefiel, bekam zur Antwort: »In Ordnung, du musst nicht.«

Die meisten winkten ab. Aber nicht lange, und Tamu fand ein paar Freiwillige, die versuchen wollten, die Idee in die Praxis umzusetzen. Er informierte Lena darüber, und sie ermutigte die Interessierten, loszulegen, einen Versuch zu starten, sich die nötigen Kenntnisse anzueignen und die Sache weiterzuentwickeln.

Tatsächlich gab es bei diesem Vorhaben einer Larvenzucht vieles zu entdecken und zu lernen, aber die daran Beteiligten waren sehr engagiert und hatten schon rasch sichtbare Erfolge. Ihre erste »Ernte« kam mit auf die Platte mit dem geteilten Essen. Obwohl anfänglich skeptisch, eilten immer mehr Erdmännchen herbei, um die neue Speise zu kosten und festzustellen, dass sie ihnen zusagte.

Nadia beobachtete alles sehr genau, und vieles ließ sie staunen: das Tempo, mit dem neue bedeutsame Ideen hervorgebracht, unterstützt und realisiert wurden ebenso wie die Begeisterung, die große Kooperationsbereitschaft und die enorme Tatkraft. Im Geist verglich sie dies ständig mit dem, was sie bisher im Leben kennengelernt hatte. Das alles war so radikal anders, doch es funktionierte sehr gut. In ihrer Wissbegierde fragte sie sich ständig: *Aber warum? Warum nur?*

Also suchte sie Lena auf.

Kreise statt Kästchen, Wollen statt Müssen

»Lena, was hält diesen Clan zusammen? Was macht ihn so …« Nadia suchte nach Worten wie »lebendig« und »innovativ«.

Nach kurzem Nachdenken zeichnete Lena einige Kreise in den Sand, die für Menschen wie ein Bild des Sonnensystems ausgesehen hätten, mit einer Sonne, Planeten und Monden.

»Im Zentrum«, sagte Lena, »haben wir die Gruppe, die sich wöchentlich trifft und darüber diskutiert, wofür wir stehen, wer wir sein wollen sowie über wichtige aktuelle Themen, die den ganzen Clan betreffen. Es ist der Geist der Brüder- und Schwesterlichkeit, der uns zusammenschweißt. Man kann hier nicht scheitern, außer man tut nichts aus Angst zu scheitern.«

»Kann jeder an diesen wöchentlichen Sitzungen teilnehmen?«, fragte Nadia.

»Solange wir nur ein Dutzend waren, ging das. Jetzt, da immer mehr Wanderer wie ihr zu uns stoßen, werden wir wohl eines Tages viele bitten müssen, uns auf andere Weise zu helfen. Wie mir scheint, gefällt ohnehin nicht jedem die schwere Aufgabe, über große Fragen nachzudenken, und noch viel weniger, sich die Meinung anderer anzuhören – aller anderen.«

Nadia deutete auf die Planeten und Monde in dem Diagramm des Sonnensystems. »Und was bedeuten die anderen Kreise?«

Lena nickte. »Einer stellt unsere Larvenfarm dar, die Tamu ins Leben gerufen hat, einer steht für die Betreuung des Nachwuchses, die du angeregt hast, und einer für das Projekt Essenteilen, das jetzt von Alonda geleitet wird.«

Lena zeichnete weitere Kreise um Alondas Kreis. »Und jede dieser Gruppen verfolgt eine Reihe von Aktivitäten. Ich kann nicht bei allen den Überblick behal-

ten. Wahrscheinlich versuche ich das gar nicht mal. Diese Aktivitäten werden geleitet von … nun ja, es könnte jeder sein. Ich staune oft, wer alles plötzlich Leidenschaft aufbringt und Weitblick zeigt. Wie du gesehen hast, sucht sich jede Gruppe einen Leiter. Und man kann jeder Gruppe beitreten, die einem zusagt.«

Nadia blickte auf das Diagramm und dachte über Lenas Worte nach. Angesichts dessen, was sie bisher im Leben erfahren hatte, war das alles schwer zu verstehen, ergab aber viel Sinn.

Kurz vor der Morgendämmerung trafen zwei umherwandernde Erdmännchen aus einem Clan ein, der durch Geierangriffe und Hunger zerstört worden war. Sie staunten genauso wie Nadia über das, was sie sahen und hörten, und einer der beiden begann sofort, nach anderen Überlebenden seiner ehemaligen Gruppe zu suchen.

So wuchs der Clan von Lena rasch weiter an. Die Sicherheit, die ausreichende Nahrung und die gute Stimmung trugen dazu bei, dass schon bald reichlich Nachwuchs zur Welt kam. Irgendwie verbreitete sich die Kunde, so dass immer mehr umherwandernde Erdmännchen zu ihnen stießen. Aus den zwölf Mitgliedern bei Nadias Ankunft wurden erstaunlich schnell 20 und dann 30.

Nadia, Ayo und Matt genossen bald großes Ansehen.

Aber im Unterschied zu Matt und Ayo, die fanden, wonach sie gesucht hatten, wusste Nadia, dass sie beizeiten nach Hause zurückkehren und ihre Erkenntnisse mitteilen musste:

Über Führung, die ihre Stärke daraus bezieht, dass sie nicht aufgezwungen wird, über Leidenschaft, Vision, Freiwilligkeit und Kreativität – ohne irgendwelche Kästchen, Linien, festgelegte Methoden und Alphas / Betas. Darüber, wie es möglich war, mit völlig neuen und unbekannten Herausforderungen erstaunlich schnell zurechtzukommen.

Lenas Clan wuchs rasant immer weiter an. Jetzt waren sie schon 50 … und da begannen die Probleme.

4

Mit der Größe kommt …

Matt begann, eine genaue Karte der Erdhöhlen zu erstellen. Auf ihr verzeichnete er, welche Höhlen nicht gut in Schuss waren und in welchen Gebieten es nicht genügend Tunnels zur Unterbringung des anwachsenden Clans gab. Er fand einige Clanmitglieder, die sich für die intellektuelle Herausforderung des Kartierens, Berechnens und Entwerfens von Erdhöhlen begeistern konnten. Aber als er nach Freiwilligen für das Ausheben und Säubern der Tunnels suchte – eine Arbeit, die morgens Punkt acht beginnen sollte –, erlebte er alles andere als begeisterte Reaktionen.

»Täglich Punkt acht? Wirklich um acht? Ich würde ja gern helfen, aber …«

»Wir sollen nach einem genauen Plan graben und sauber machen? Tja, Matt, das ist eigentlich nicht mein Ding.«

Mit Ayos Hilfe machte sich Matt, so gut er konnte, auch daran, die aktuelle Praxis des Wachehaltens zu dokumentieren. Die Clanangehörigen bewiesen zwar hohes Engagement, wenn es darum ging, einander zu schützen, aber ihre diesbezüglichen Maßnahmen fanden unkoordiniert statt. Und wie bei der Arbeit an den Erdhöhlen waren einige bereit, Ayo bei der Planung für den Wachdienst zu helfen, doch die Zahl derer, die bereit waren, einem exakten Dienstplan zu folgen und auch nachts Wache zu halten (»dröge!«), hielt sich sehr in Grenzen.

Daraufhin gingen Ayo und Matt zu Lena.

»Uns beschäftigt die Sicherheit, Lena. Wir sind inzwischen derart groß, dass wir das Augenmerk von Räubern auf uns ziehen. Zum Schutz des Clans benötigen wir mindestens drei oder noch besser vier ausgebildete Wachen, die rund um die Uhr auf Posten sind. Und das muss an den richtigen Orten sein, deshalb brauchen wir einen verbindlichen Dienstplan, der strikt einzuhalten ist. Die Vorstellung, dass ›jeder auf alle anderen aufpasst‹ ist nicht mehr sinnvoll.«

Lena hörte aufmerksam zu, als Matt auch das Problem schilderte, dass manche Erdmännchen nicht pünkt-

lich oder gar nicht zum Ausheben und Säubern der Höhlen erschienen. Dann sagte sie: »Seht euch mal um, Ayo, Matt. Das Leben meint es gut mit uns. Trotz der Dürre sind gerade drei neue Generationen Jungtiere zur Welt gekommen. Fast täglich nehmen wir neue Mitglieder auf. Vielleicht macht ihr euch zu große Sorgen.«

Aber obwohl Lena kein Wort darüber verlor, begann auch sie mit wachsender Sorge zu registrieren, dass täglich anfallende Routinearbeiten nicht oder nur unzuverlässig erledigt wurden. Was den Wachdienst und die Höhlen betraf, wünschte sie sich, dass Matt und Ayo mehr Führungsstärke zeigten, um die bestehenden Pro-

bleme aus der Welt zu schaffen. Aber sie wollte sie nicht kritisieren und ihr Engagement und ihre Begeisterung schmälern. Deshalb versuchte sie, die beiden mit einem ihrer üblichen »Ihr schafft das schon«-Sprüche aufzumuntern.

Bei der folgenden wöchentlichen Sitzung sprach Lena über die Ideale des Clans. Wie immer war sie inspirierend, aber hauptsächlich erreichte sie mit ihrer Rede jene, die ohnehin schon inspiriert waren. Und weil die Teilnahme an den Sitzungen auf Freiwilligkeit beruhte, waren ausgerechnet diejenigen nicht anwesend, die ihre Worte am nötigsten gehabt hätten.

Im Laufe der folgenden Tage wuchsen die Spannungen zwischen den Alteingesessenen und den Neuankömmlingen, den Matt-ähnlichen und den Matt-unähnlichen, den Gebern und Nehmern weiter an.

Alles, was eine gewisse koordinierte Anstrengung von Dutzenden Erdmännchen erforderte, wurde entweder nicht verlässlich erledigt, oder man debattierte darüber endlos in Gruppen, die wegen ihrer Unfähigkeit, etwas zustande zu bringen, zunehmend frustriert waren. Selbst die Hilfswilligen tappten oft im Dunkeln darüber, was von ihnen erwartet wurde, oder sie verkünstelten sich, indem sie viel Zeit und Kreativität in Aufgaben investierten, die einfach auf eine bestimmte Weise schnell zu erledigen gewesen wären. Nadia, Ayo,

Matt und Tamu suchten Lena auf und baten sie um eine Unterredung. Als sie fragte, was sie auf dem Herzen hatten – und offensichtlich hatten sie etwas auf dem Herzen –, erfuhr sie Folgendes:

- Nach der anfänglichen Begeisterung über die Larvenzucht fiel es Tamu immer schwerer, Freiwillige für die Routinearbeit zu finden, die zugegebenermaßen keineswegs angenehm war. Er verbrachte so viel Zeit damit, dies selbst zu erledigen, dass er sich allmählich ausgelaugt fühlte.
- Nadia berichtete, dass manche, die sich freiwillig für die Hilfe bei den Neugeborenen gemeldet hatten, dafür einfach nicht geeignet seien. Aber wer sollte ihnen das sagen? Wer hatte das Recht, es ihnen zu sagen?
- Matt erklärte Lena und den anderen, dass trotz aller Anstrengungen die Erdhöhlen in chronisch schlechtem Zustand seien. Und niemand sei erpicht darauf oder verfüge offenbar über die Fähigkeit, Höhlen zu graben und zu pflegen.
- Und Ayo sagte zu Lena: »Du weißt, was ich über die Sicherheit und den Wachdienst denke.«

Es folgten noch weitere Klagen. Lena hörte zu, seufzte und sagte schließlich: »Als ich mit Freunden diesen

Clan gegründet habe, stellten wir uns vor, dass in jedem von uns ein Diener und ein Führer steckt. In allen von uns steckt der tiefe Wunsch, jeden Tag unser Bestes zu geben.« Nach einer dramatischen Pause fuhr sie fort: »Ich bin heute wie am ersten Tag davon zutiefst überzeugt. Glaubt ihr auch an diese Idee?« Die vier nickten langsam auf eine Art, die zu besagen schien: »Ja, schon, aber …« Dann meinte Lena, sie sei sicher, der Clan mit seinem starken Willen werde es schaffen, die Probleme zu überwinden, die offenbar eine natürliche Begleiterscheinung des Wachstums seien.

Nadia, Ayo, Matt und Tamu verließen das Treffen ein wenig optimistischer gestimmt und staunten, wie Lena es wieder einmal vermocht hatte, Probleme kleiner erscheinen zu lassen und die Zuversicht zu stärken.

Endlich kommt der Regen

In den folgenden Tagen sprach Matt oft mit Lena. Je genauer er die Erdhöhlen untersuchte, desto beunruhigter war er. Erneut schlief er nachts nicht mehr gut, sondern lag wach und dachte darüber nach, wie man das Problem in den Griff bekommen konnte. Als er vereinzelte Plop-Geräusche hörte, wusste er zunächst nicht, was das zu bedeuten hatte. Dann wurde das Geräusch immer lauter, bis es zu einem Prasseln anschwoll.

Der Regen hatte eingesetzt.

Matt rannte hinaus und sah, wie der trockene Boden rasch die Wassermengen aufsog. Aber schon nach kurzer Zeit stand das Wasser einige Zentimeter hoch, weil der Boden es nicht mehr schnell genug aufnehmen konnte. Matt war nicht leicht in Panik zu versetzen, aber er brauchte nicht lange, um die offensichtliche, erschreckende Schlussfolgerung zu ziehen: Sehr bald würde das Wasser in die Erdhöhlen strömen. Angesichts des schlechten Zustands mancher Tunnels würden sie sicherlich einbrechen.

»Es regnet! Wacht auf! Kommt heraus!«, rief er und lief in seine Höhle zurück.

Einige Erdmännchen reagierten flink und hasteten heraus, mit ihren Kleinen im Schlepptau, die nicht wussten, wie ihnen geschah, weil sie in ihrem jungen

Leben noch nie Regen erlebt hatten. Matt rannte zu einer weiteren Höhle, um Alarm zu geben. Aber es war bereits zu spät. Der Tunnel war eingebrochen, hatte sich sturzbachartig mit Wasser gefüllt und die darin schlafenden Erdmännchen eingeschlossen.

»Hilfe! Hilfe!«, rief Matt. Ein paar andere eilten zu ihm, und gemeinsam begannen sie, einen neuen Tunnel zu einer Höhle zu graben, deren Haupteingang bereits überflutet wurde. Dank seiner Karte wusste Matt den besten und schnellsten Weg dorthin, aber es war nicht klar, ob die Bewohner noch in der Haupthöhle waren oder sich in einen intakten Seitengang zurückgezogen

hatten. Als sie schließlich panische Schreie aus der Höhle hörten, wussten sie, dass sie auf der richtigen Spur waren. Kurz darauf umarmten die zu Tode Verängstigten ihre erschöpften Retter.

Matt schob einen immer noch vor Angst schlotternden, aber glücklich wirkenden Geretteten von sich, als er rechts und links von sich weitere Schreie hörte.

»Kommt!«, rief er den Umstehenden zu. »Wir haben noch eine Menge Arbeit vor uns!«

Unter Einsatz seines Lebens und mit Hilfe einiger anderer wiederholte Matt, was er soeben schon getan hatte. Weitere sechs Verschüttete wurden geborgen. Aber die Höhlen waren ein einziges Chaos. Der Mangel an systematischer Pflege hatte seinen Preis gefordert.

In jener Nacht kamen sieben Erdmännchen zu Tode. Die Überlebenden waren fassungslos.

Am folgenden Tag sah man überall Erdmännchen allein herumsitzen oder in kleinen Gruppen sich leise miteinander unterhalten. Allerorts herrschte Bedrückung und Trauer. Dadurch aber fanden auch die in den letzten Wochen angewachsenen Spannungen ein Ventil. Es begann die Suche nach den Schuldigen.

Einige der ersten Clanmitglieder verherrlichten die guten alten Zeiten, als der Clan noch klein gewesen war und jeder sich wirklich um den anderen gekümmert hatte. Sie führten die gegenwärtigen Probleme auf die

Neuankömmlinge zurück. »Wir sind einfach nicht mehr dieselben, und daran sind sie schuld! Sie müssen fort!«

Die »Geber« hingegen gaben jenen die Schuld, die immer bloß schlau daherredeten, aber nie verlässlich zur täglichen Arbeit erschienen. »Ich habe es satt, für andere die Arbeit mitzumachen. Die Idee der Freiwilligkeit ist Unsinn und realitätsfremd!«

Andere debattierten über die Notwendigkeit, in dieser chaotischen Situation jemandem die Verantwortung zu übertragen, der resolut wieder Ordnung ins Chaos brachte.

Und Lena war mittendrin. Zwar versuchte sie, es nicht zu zeigen, aber sie war erschüttert, dass ihre Vision von einem ganz anderen Clan gescheitert war, und sie fragte sich, wie das hatte geschehen können.

Nadia konnte nicht glauben, dass erneut ihre Welt vor ihren Augen auseinanderbrach. Ihr gingen viele Gedanken durch den Kopf, meist wirre oder traurige oder entmutigende.

Was sie so schnell zu schätzen gelernt hatte, diese Energie, Leidenschaft, Vision und Führungsstärke, selbst von nachrangigen Mitgliedern der Gruppe, hatte sie für eine eindeutig bessere Methode zur Führung eines Clans gehalten … und jetzt war all das total gescheitert.

Aber warum nur? Sie dachte daran, wie klein der Clan bei ihrer Ankunft gewesen war und wie viel größer heute.

Sie dachte an die Disziplin, die Struktur und die Regeln, die nach Ansicht ihres Bruders und auch nach Matts Ansicht so wichtig waren und die hier fehlten – zu ihrem Schaden? Aber das Erdmännchen-Management war doch in ihrem Heimatclan auch gescheitert!

Und dann ging ihr buchstäblich ein Licht auf.

5

Der folgende Morgen war hell und klar. So wie Nadias Gedanken.

»Lena, wir müssen miteinander reden«, sagte sie, als sie die Gründerin des Clans unter dem Versammlungsbaum entdeckte.

Lena, die erschöpft wirkte, bat Nadia, sich zu setzen. Nadia sah sie an und sagte: »Du bist eine großartige Führerin, wirklich.«

Lena blickte ziellos umher und starrte schließlich auf ihre Pfoten. »Nett, dass du das sagst, Nadia, aber unter den jetzigen Umständen …«

Nadia berührte ihre neue Freundin sanft, bis sie schließlich den Blick wieder hob. »Nie bin ich in meinem Leben jemandem begegnet, der andere so inspiriert, an sie glaubt und unterstützt wie du.«

Die beiden sahen sich an, und Lena sagte leise: »Danke, Nadia. Deine Meinung bedeutet mir viel.«

»Als wir uns dem Clan angeschlossen haben«, fuhr Nadia fort, »war ich sofort von dem hier herrschenden Geist eingenommen, den *du* begründet hast. Er brachte das Beste in vielen von uns hervor und hat wunderbare Dinge bewirkt wie etwa die Larvenfarm und das Essenteilen – und das auch noch so rasch.«

»Das ist nicht mein Verdienst, Nadia«, unterbrach Lena sie sanft. »Das ist unseren Idealen und unserer Vision zu verdanken. Das ist einer Gruppe zu verdanken, die sich zusammenfand und leidenschaftlich daran glaubte. Es ist all der unermüdlichen Tatkraft und Kreativität zu verdanken, dass dies zustande kam, und ich habe dazu vermutlich nur ein kleines bisschen mit aufmunternden Worten hier und da beigetragen, damit die Leute trotz mancher Hindernisse und Rückschläge optimistisch blieben.«

Lena hatte fast die ganze Nacht wach gelegen und darüber sinniert, *warum* alles schiefgegangen war. Aber Nadia hatte eine bessere Frage.

»*Wann* begann es« – Nadia zögerte ein wenig, sprach es dann aber doch aus – »auseinanderzubrechen?«

Falls Lena sich dadurch angegriffen oder in die Enge gedrängt fühlte, zeigte sie es nicht. »Im Rückblick gesehen«, sagte sie, »vielleicht zu dem Zeitpunkt, als un-

ser Clan auf etwa 30 Mitglieder angewachsen war. Vielleicht kann ein großartiger Clan mit mehr als 25 Mitgliedern einfach nicht funktionieren.«

Nadia schüttelte den Kopf. Das alles ergab keinen Sinn.

»In meinem Heimatclan waren wir 150! Und nie ist bei uns eine Höhle eingestürzt, nie blieb ein Wachposten unbesetzt, nie wurden die Kleinen von dafür ungeeigneten Mitgliedern betreut. Jeder hatte eine Rolle und musste seinen Beitrag leisten, um sich damit das Recht zu verdienen, Teil des Clans zu sein. Und alle haben ihren Job gut gemacht!«

Nadia zeichnete Lenas Kreisdiagramm in den Sand. »Diese Kreise und die dahinter stehenden Prinzipien können dies nicht leisten. Sie können uns motivieren, mit großer Energie tätig zu sein und Neuerungen vorzunehmen, und das manchmal sehr rasant. Aber ich sehe nicht, wie sie dafür sorgen können, dass ein großer Clan die tägliche Routinearbeit verlässlich erledigt bekommt.«

Dann zeichnete Nadia Linien und Kästchen neben Lenas Kreisdiagramm und hörte sich selbst wiederholen, was Nicholas vor nicht allzu langer Zeit ihr über das Management erklärt hatte.

Lena hörte zu, studierte das neue Diagramm genau und nickte sanft zu Nadias Worten. Man konnte an ih-

rer Miene erkennen, dass sie die neuen Ideen in sich aufnahm oder es zumindest weitgehend versuchte.

Vieles, was Nadia sagte, klang für Lena nach den Verhältnissen in dem Clan, in dem sie aufgewachsen war und den sie verlassen hatte. Aber Nadias Methode war logischer und ausgereifter und weniger willkürlich. Offensichtlich dumme Regeln und Erdmännchen in Leitungsfunktion, die ihrer Verantwortung nicht gerecht wurden, kamen darin nicht vor. Als Nadia ihre Ausführungen beendet hatte, deutete Lena auf die beiden Zeichnungen im Sand und sagte im Vorgriff auf das, was Nadia als Nächstes sagen würde: »Aber sie sind so verschieden. Wie könnte man beides je miteinander vereinbaren?«

Nadia dachte einen Moment lang nach. »Lena, bist du kreativ und aufgeschlossen für neue Ideen, auch wenn sie verrückt klingen?«

»Ich hoffe schon«, antwortete Lena.

Nadias Augen wurden größer. »Du hoffst es! Natürlich bist du das! Aber bist du nicht auch imstande, diszipliniert und planvoll Vorhaben zu realisieren?«

Lena schwieg eine Weile, dann sagte sie: »Nicht annähernd so sehr wie manche Erdmännchen, die ich kennengelernt habe. Aber doch, ja.«

Lena brauchte nicht lange, bis sie aus ihren eigenen Antworten Lehren zog. »Du meinst also, wenn ein Ein-

zelner sowohl kreativ als auch diszipliniert sein kann, zumindest in gewissem Maße, warum sollte dann ein ganzer Clan es nicht auch sein können?«, sagte sie und deutete auf die beiden Zeichnungen.

Nadia nickte.

»Aber wenn ich den ganzen Tag lang Dinge tun müsste, die du ›Management‹ nennst, würde ich wahrscheinlich zusammenbrechen. Oder verrückt werden«, sagte Lena.

»Warum müssen?«, fragte Nadia lächelnd. »Hast du je ein Erdmännchen gesehen, das über die Gabe verfügt, alles, was es anpackt, über alle Maßen gut zu ma-

chen? Ich nicht. Aber manchmal erreichen wir eine Menge – indem wir im Team arbeiten.«

In Lenas Kopf schossen die Gedanken durcheinander. Sie hatte so viele unbeantwortete Fragen, wie man zwei verschiedene Arten von Clans so kombinieren könnte, dass man von beiden die Vorzüge hatte und gleichzeitig deren jeweilige Nachteile vermied. Aber noch nie in ihrem Leben hatte sie alle Antworten benötigt; eine vielversprechende Richtung genügte ihr.

»Würdest du mir helfen, das zustande zu bringen?«

Nadia wirkte zwiegespalten. »Das kann ich nicht, Lena«, sagte sie. »Ich bin dafür nicht dein idealer Partner. Und ich muss jetzt zu meinem Heimatclan zurückkehren und dort berichten, was ich herausgefunden habe. Ich hoffe, du weißt, wie sehr du und die anderen hier mir am Herzen liegen. Aber ich muss zumindest versuchen, den Erdmännchen zu helfen, die mich aufgezogen haben, und ich vermisse meinen älteren Bruder sehr. Außerdem hast du hier bereits genau das, was du brauchst.«

Nadia blickte um sich – und entdeckte schnell, wonach sie suchte. Lena folgte Nadias Blick und sah es ebenfalls.

»Matt?«, fragte Lena.

»Richtig. Er ist ein phantastischer Manager und klug genug, um diese Idee wertzuschätzen.« Nadia deutete

auf die beiden Diagramme. »Er respektiert dich sehr«, fügte sie hinzu, »und du scheinst auch ihn zu respektieren.«

Eine Weile saßen die beiden schweigend zusammen. Dann fragte Lena: »Aber ich habe noch nie gesehen, dass ein Clan auf diese Weise funktioniert. Du etwa?«

Nadia lächelte. »Und wie oft hast du vorher schon eine Larvenfarm gesehen?«

Wieder schwiegen beide, dann lächelte auch Lena. »Wann willst du aufbrechen?«, fragte sie.

»Heute Abend«, erwiderte Nadia.

Lena seufzte, blickte aber Nadia herzlich lächelnd an. »Ich wünsche dir das Allerbeste. Und danke für alles. Bitte komm zurück, wann immer du willst. Du bist jederzeit willkommen.«

Sie umarmten sich sehr lange. Dann machte sich Nadia auf den Weg.

Die große Chance

»Ich muss mit dir kommen«, sagte Ayo.

»Aber du hast doch hier viele entscheidende Dinge in Gang gebracht«, erwiderte Nadia. »Und ich denke, du kannst Lena und Matt helfen. Du hast eine große Zukunft vor dir …«

Er unterbrach sie. »Ich habe eine miserable Zukunft vor mir, wenn dir auf dem Heimweg etwas zustoßen würde. Und falls es dir nicht aufgefallen ist: Es ist mir ziemlich unmöglich, irgendwo glücklich zu sein, wenn du nicht in der Nähe bist!«, sagte ein aufgebrachter Ayo, lauter, als er beabsichtigt hatte.

Nadia sah Ayo eine Weile schweigend und ein wenig überrascht an, dann grinste sie breit. »Na gut …«

»Also, was machen wir als Nächstes?«, fragte er.

Sie dachte nach. »Wir wandern wieder nachts. Treffpunkt ist der Versammlungsbaum, sobald es dunkel wird.«

Er nickte zustimmend.

Nadia fuhr fort: »Jetzt muss ich meinen Freunden auf Wiedersehen sagen und alle einladen, die gern mit uns kommen würden. Du solltest dasselbe tun.«

Das tat er auch. Und kurz nach Sonnenuntergang, nach einigen tränenreichen Verabschiedungen, brachen die beiden auf, gemeinsam mit einer Handvoll weiterer

Erdmännchen, die aus verschiedenen Gründen die beiden begleiten wollten.

Sie marschierten Richtung Osten und fanden rasch den Weg wieder, den Nadia und Ayo einst eingeschlagen hatten. Dabei passierten sie auch den Ort, wo der zum Untergang verurteilte Clan gesiedelt hatte. Es war niemand mehr da. Kein einziges Erdmännchen. Der Anblick war deprimierend.

»Gehen wir schneller«, sagte sie, und ihr kleines Team folgte ihr.

Tags darauf in der Abenddämmerung sahen sie in der Ferne eine Gruppe Wanderer. Als sie näher kamen, erkannte Nadia, dass es gar keine richtigen Wanderer waren. Es war Nicholas mit einigen seiner Wachen!

Bruder und Schwester rannten aufeinander zu und umarmten sich innig. Es war ein sehr emotionales Wiedersehen – mit großer Herzlichkeit und ebenso großer Erleichterung darüber, dass beide wohlbehalten waren. Aber nach kaum einer Minute trat Nicholas einen Schritt zurück und machte seinem Ärger Luft.

»Warum bist du fortgegangen? Wo warst du überhaupt? Ich habe mir solche Sorgen gemacht!« Er deutete auf die Gruppe, die Nadia und Ayo begleitete. »Und wer sind die da?«

»Ich werde dir alles erklären«, sagte Nadia. »Aber erzähle mir erst einmal, was zu Hause passiert ist.«

Das tat er. Die Geierangriffe und die Dürre waren schon schlimm genug gewesen. Aber dann hatte ein Sandsturm den bereits geschwächten Clan zwei Tage lang in die Höhlen eingeschlossen. Sie hatten keine Vorgehensweise, um mit einem zweitägigen Sandsturm zurechtzukommen, während sie versuchen mussten, mit anderen nie da gewesenen Problemen fertig zu werden. Die neuen Gefahren, zusammen mit der Unfähigkeit des Clans, die Probleme zu lösen, hatten die Abwärtsspirale aus Hunger, Wut und Angst weiter verstärkt und dazu geführt, dass der Clan nicht mehr weiter wuchs und schließlich sogar zu schrumpfen begann.

»Wir hatten durchaus auch Erfolge. Es war kein Scheitern auf ganzer Linie. Wir haben einiges darüber gelernt, wie man mit dem Geier zurechtkommt«, sagte Nicholas. »Jetzt wird das Leben langsam wieder besser.« Als er »langsam« sagte, klang er beklommen, wütend und frustriert.

Nicholas wandte sich an Ayo. »Vor ein paar Wochen erzählte mir eine meiner Wachen von deiner Baumwipfel-Methode. Es ist mir gelungen, sie meistens anzuwenden, aber nicht immer.« Es war Nicholas peinlich, dass manche Wachen aus irgendwelchen Gründen seiner Anordnung nicht folgten, regelmäßig diese neue Methode anzuwenden. »Deine Idee hat etwas bewirkt, Ayo.«

Ayo grinste breit. Obwohl er es nicht zeigte, war er fast außer sich vor Freude, dass seine Innovation dem Clan endlich zugutekam.

Die Dürre war weitgehend vorüber, aber die Erfahrung des Scheiterns hatte bei einem der Alphas (Moro), Nicholas und zwei Familienoberhäuptern tiefe Besorgnis ausgelöst. Was hatten sie übersehen? Und noch besorgniserregender war, dass einige im Clan so zu tun schienen, als sei jetzt alles wieder in Ordnung, als gebe es keine extreme Krise, als sei das Nachdenken über ihre Erfahrungen nicht wichtig.

»Ich denke, wir haben eine Lösung«, sagte Nadia zu ihrem Bruder.

Er bekam große Augen. »Wirklich?«

»Wirklich.«

»Erzähl mal.«

»Später«, sagte Nadia. »Ich weiß nicht, wie es euch anderen geht, aber nach einem Marsch die ganze Nacht hindurch brauche ich etwas zu essen und dann ein Nickerchen – in dieser Reihenfolge.«

Nadia blickte in die Runde und sah klare Zustimmung in den Mienen ihrer Begleiter. Aber bevor alle in verschiedene Richtungen losliefen, um nach knusprigen Insekten, Skorpionen und Ähnlichem zu suchen, sagte sie: »Wir haben noch einen langen Weg vor uns und müssen so stark sein wie möglich. Wir können nur so schnell marschieren wie der Langsamste von uns. In dem Clan, aus dem wir gerade kommen, haben wir gelernt, alles Essen zu teilen, das wir nicht unbedingt für uns selbst benötigen.«

Nicholas und seine Wachen blickten verständnislos drein.

»Meine Freunde tragen alles, was sie erbeuten, zusammen«, sagte Nadia, »um es mit denen zu teilen, die nicht so viel Glück hatten. Und wenn ihr wollt, könnt ihr es auch so machen.«

Für Nicholas und seine Wachen war das eine radikale Vorstellung. Seine Wachen sahen ihn fragend an, und er nickte kaum merklich. Und so waren sie innerhalb einer Stunde alle wieder zurück, teilten mehr oder weniger ihr Essen, redeten und lachten gelegentlich miteinander.

Nach einem Nickerchen kletterte Nicholas aus seiner Höhle und sah, dass Nadia bereits unter einem Baum saß. »Wie geht es dir?«, fragte er seine kleine Lieblingsschwester.

»Ich bin so froh, wieder bei dir zu sein. Du hast mir sehr gefehlt.« Und nach einer Pause: »Ich muss das, was ich gelernt habe, den Alphas, Betas und … ja, dem ganzen Clan mitteilen. Aber ich weiß gar nicht, wie ich das anstellen soll.«

»Wie wäre es, wenn du damit bei mir anfängst?«,

sagte Nicholas und setzte sich zu ihr. Seine Miene zeigte immer Respekt, wenn er Nadia zuhörte, aber hätte man genauer hingesehen, hätte man auch eine gewisse Skepsis erkannt, dass ihm seine jüngere Schwester tatsächlich eine Zauberformel für eine sehr schwierige Situation liefern könnte. »Wenn du mich überzeugst, wird das bei anderen viel weniger schwierig sein.«

»Du bist ein toller Manager«, sagte Nadia, »der beste, dem ich je begegnet bin.«

Natürlich fühlte er sich geschmeichelt.

»Wir haben andere im Clan, die zumindest gute Manager sind. Aber …« Nadia legte eine Pause ein. »Wann haben deiner Meinung nach die Probleme in unserem Clan begonnen?«

Er überlegte. »Ich denke«, antwortete Nicholas, »in dem Moment, als der Geier bei uns auftauchte, die Schlangen immer mehr wurden und die Dürre eintrat. Das alles kam so schnell und unerwartet. So etwas hatte ich noch nie erlebt.«

Nadia nickte mit dem Kopf und sagte: »Lenas Clan – dort, wo ich gerade war – musste mit mehr oder weniger denselben Schwierigkeiten fertig werden, und zumindest eine Zeitlang gelang das hervorragend – auf kreative und schnelle Weise. Es war faszinierend.«

Sie zeichnete Nicholas' Diagramm in den Sand. »Unsere Kästchen und Linien, die Betas und Alphas, Pläne,

Regeln, Methoden und Kennzahlen können das nicht. Oder zumindest sehe ich nicht, wie. Unsere Lebensweise ist darauf ausgerichtet, dass ein großer Clan … gut und verlässlich funktioniert. Dass die tägliche Arbeit so gemacht wird, wie sie gemacht werden soll, und zwar immerzu. Ich sehe jetzt deutlich, dass das nicht einfach so geschieht. Man muss klug und diszipliniert sein, wenn man eine Gruppe von 50 oder 100 oder 200 Mitgliedern hat. Aber, verzeih mir, Nicholas, das, worin wir gut sind, ist ziemlich schlecht, wenn es darum geht, mit Neuem und Unerwartetem zurechtzukommen – vor allem, wenn vieles gleichzeitig auf einen einstürzt.«

Nicholas war ein wenig beleidigt, aber angesichts seiner jüngsten Erfahrungen konnte er nicht ernsthaft dagegen argumentieren. Nadia begann, Lenas Kreise in den Sand zu zeichnen, und erklärte Nicholas, was sie über die Lebensweise in Lenas Clan gelernt hatte. Sie sprach viel über Führungsstärke, und zwar nicht nur von der Führungsstärke eines Alphas, sondern der eines jeden. Nicholas hörte zu und versuchte, alles aufzunehmen – aber es war schwierig. Er hatte noch nie so etwas gesehen.

Dann zog Nadia Verbindungslinien zwischen den beiden Diagrammen und machten aus zwei Bildern eines.

Die folgenden zwei Stunden lang redeten sie miteinander. Nicholas stellte viele Fragen: »Aber wer würde tatsächlich die Verantwortung tragen? Was, wenn eine meiner Wachen sich, statt Dienst zu tun, mit diesen ›Initiativen‹ beschäftigt? Wir haben nicht genügend Leute für all diese Jobs.« Nadia versuchte, so gut darauf zu antworten wie möglich. Aber ehrlich gesagt gab sie gelegentlich nur eine logische Einschätzung ab, denn auch sie hatte in Wirklichkeit noch nie das gesehen, was sie in den Sand gezeichnet hatte.

Als Nicholas ziellos in die Ferne starrte, fragte seine Schwester: »Worüber denkst du nach?«

Er wandte sich ihr zu und überlegte, ob er ihr sagen sollte, was ihm durch den Kopf ging. Da erklärte Nadia mit fester Stimme: »Diesmal ist keine Zeit dafür, deine kleine Schwester anzulügen, weil du meinst, sie könne mit der Wahrheit nicht umgehen.«

Nicholas holte tief Atem und sagte: »Meine Kollegen unter den Betas, zumindest viele von ihnen, und zumindest ein Alpha werden logischerweise denken, dass dies Chaos hervorrufen wird. Sie werden es für völlig unrealistisch halten, zu erwarten, dass ein junges, unerfahrenes Erdmännchen die Verantwortung für ein wichtiges Projekt übernehmen und damit Erfolg haben könnte. Sie würden derlei Aktivitäten nie erlauben« – er deutete auf die Kreise –, »ohne dass Klarheit herrscht, wer dabei der Boss ist, und ohne feste Kennzahlen, die anzeigen, ob die Gruppe erfolgreich ist oder nicht. Selbst wenn die Alphas den Betas so etwas aufzwingen würden, würden diese, zumindest einige von ihnen, aus Gewohnheit versuchen, die Kontrolle darüber zu haben. Oder das Projekt abwürgen. Sie …«

Er hielt inne, als er merkte, dass seine Schwester entmutigt aussah. Vielleicht war es ein Fehler gewesen, ihr seine Gedanken mitzuteilen.

Nadia holte tief Atem und schloss die Augen. Als sie

sie wieder aufschlug, sagte sie zu ihrem Bruder: »Floriert der Clan und wächst er? Wie gut ist er mit der Sandsturmkrise zurechtgekommen? Schlaft ihr nachts gut, weil ihr wisst, dass eure Freunde sicher sind? Wird der Clan deinen Hoffnungen und Träumen gerecht?« Sie schwieg kurz, um dann fortzufahren: »Wenn wir andere Ergebnisse brauchen, erreichen wir sie dann, indem wir nur das tun, was wir immer schon getan haben, uns dabei aber einfach nur etwas mehr anstrengen?«

Nicholas starrte lange schweigend auf den Boden. Dann holte er tief Luft und sagte nur: »Wir haben viel wichtige Arbeit vor uns.«

Nachts wanderten sie weiter und trafen am folgenden Morgen bei ihrem alten Clan ein.

Erklärungsversuche

Während Nadia vollauf damit beschäftigt war, die aufgeregten Kleinen zu beruhigen, die gleichsam über sie herfielen, schritt Nicholas zur Tat. Den drei ranghohen Erdmännchen, die ihn bei seiner Bitte, nach seiner Schwester zu suchen, am meisten unterstützt hatten – ein Alpha (Moro) und zwei Familienoberhäupter –, berichtete er kurz, was Nadia ihm erzählt hatte. Alle drei reagierten skeptisch. Aber sie hörten zu.

Nach Fragen, weiteren Fragen und noch mehr Fragen sahen die anderen Moro an. Das ranghöchste Erdmännchen starrte in die schier unendlich weite Wüste hinaus. »Die meisten im Clan denken, wir werden uns berappeln und nach einer gewissen Weile wieder zur Normalität zurückkehren.« Er wiegte langsam den Kopf hin und her. »Aber das glaube ich nicht. Es hat Anzeichen gegeben, vielleicht keine dramatischen Anzeichen, dass sich unsere Welt verändert. Und zwar dauerhaft. Wenn das so ist …«

Tags darauf sprach Moro mit Mara, seiner Partnerin an der Spitze, darüber, eine Sitzung sämtlicher Betas einzuberufen und Nadia dazu einzuladen. Mara sah ihren Kollegen an, als sei er nicht ganz richtig im Kopf. Ein junges, unerfahrenes Mädchen anzuhören, das aus dem Clan weggelaufen war? Aber Moro ließ sich nicht

davon abbringen. Schließlich erklärte sich Mara, wenngleich ohne Begeisterung, damit einverstanden, weil sie keinen Streit riskieren wollte.

Und so kam es, dass Nadia mit Moro, Mara und sämtlichen Betas über die Idee sprach, innerhalb eines Clans zwei sehr verschiedene Arten des Arbeitens irgendwie miteinander zu verschmelzen.

In respektvoller Entfernung versuchten ein paar erwachsene Erdmännchen, diesem höchst ungewöhnlichen Gespräch zu lauschen. Aus den wenigen wurde ein Dutzend, dann zwei Dutzend, und schon bald waren Nadia und die Bosse von fast der Hälfte der Erwachsenen und einigen Jungtieren umringt. Ein gemeinsames Knurren der beiden Alphas hätte genügt, die Menge zu verscheuchen. Zwar knurrte Mara häufig, aber es gab kein gemeinsames Knurren.

Moro eröffnete die Sitzung. »Wir alle sorgen uns um unsere Gefährten hier im Clan viel zu sehr, um sie je wieder dem Risiko plötzlicher Angriffe, des Verhungerns oder gar noch Schlimmerem auszusetzen. Wir dürfen nicht vergessen, dass wir in dieser Welt nicht die einzigen Lebewesen sind. Viele würden uns nur zu gern unser Zuhause und unser Essen wegnehmen oder, sofern sich die Möglichkeit dazu ergäbe, uns verspeisen. Wir können uns nicht einfach damit zufriedengeben, dass wir unsere tägliche Arbeit verrichten oder sie so-

gar ein wenig besser verrichten, und im Übrigen auf das Beste hoffen.«

Moro sprach zu den Betas und zu Mara, aber er war sich durchaus der anwachsenden Zuhörerschaft bewusst. Und er wusste sehr gut, dass seine Worte von dieser großen Gruppe geradezu aufgesogen wurden.

»Wie viele von euch wissen, ist Nadia umhergewandert und hat etwas gefunden, das interessante Lehren sein könnten. Ich möchte, dass ihr aufmerksam zuhört und Mara und mir helft, dies zu durchdenken.«

Nicholas zeichnete das Diagramm mit den Kästchen und Kreisen in den Sand, und Nadia begann, von ihrer Reise zu berichten. Sie erzählte von den Clans, die sie kennengelernt hatte, wie sie schließlich auf Lenas Gruppe stieß, wie diese florierte und wuchs, obwohl sie von Räubern und Wassermangel bedroht war. Sie erzählte, wie schließlich der Mangel an genau den Fähigkeiten, über die ihr Heimatclan verfügte – über die die Alphas und Betas verfügten –, schreckliche Probleme hervorrief, nachdem die florierende Gruppe über einen bestimmten Punkt hinaus angewachsen war.

Bei der Erwähnung der »entscheidenden Fähigkeiten« nickten einige der Betas und Mara wissend. Dann erzählte Nadia vom Kreis der Führer, der Vision, Energie und Leidenschaft, der Freiwilligkeit, der Bereitschaft und Fähigkeit zu Kreativität und Veränderung. Von der

Larvenfarm und dem Essenteilen. Sie schilderte, wie dieser Clan florierte und wuchs – bis zu einem gewissen Punkt –, während alle anderen Clans, einschließlich ihres eigenen, schrecklich zu kämpfen hatten, nachdem ihre Welt sich so rasch zu verändern begann.

Das Nicken einiger Betas und Maras wich verständnislosen und skeptischen Blicken.

Moro hörte aufmerksam zu und sagte gelegentlich sogar »ja« – im Unterschied zu Mara. Aber selbst Moros Geduld in Bezug darauf, »was« getan werden *könnte* oder *sollte,* war nicht unerschöpflich. Er begann nach dem »Wie« zu fragen: Wie könnten sie diese möglichen Lehren umsetzen und auf eine Weise weiterentwickeln, die praktikabel wäre, keine unannehmbaren Risiken barg und von allen Erdmännchen verstanden würde?

»Warum beginnen wir nicht mit der Larvenfarm?«, entgegnete Nadia kurzerhand. Im Clan mangelte es immer noch an Nahrung. Nadia wusste, dass dies für alle ein tägliches Problem, aber auch eine Chance war, vielleicht sogar eine große, die sofort Entlastung bringen und zeigen würde, dass auch etwas völlig anderes möglich und effektiv war.

Nicholas nickte sichtlich und warf seiner Schwester aufmunternde Blicke zu.

Sie erläuterte die Larvenzucht. Manche Erdmännchen sahen verwirrt drein, andere erschrocken, aber ein

paar erkannten, was die Larvenzucht bedeutete: eine potenziell wunderbare Idee.

Zwei Betas stellten Fragen, dann begann die Diskussion. Als sie sich in eine falsche Richtung zu wenden drohte, sagte Nadia, fast Lenas Worte wiederholend: »Wir alle lieben unsere Gefährten im Clan zu sehr, um sie erneut dem Risiko des Verhungerns auszusetzen.« Dann erhob sie sich, fast so, wie Lena es getan hätte. »Wir brauchen keine richtige Farm oder etwas, das perfekt ist. Nur etwas, das vielen von uns hilft, die wahren Chancen hinter dieser Idee zu sehen.«

Ihre Miene strahlte tiefe Überzeugung aus. »Wir können das alles herausfinden und verwirklichen, wenn viele von uns bereit sind, der Sache eine Chance zu geben.« Indem sie die Alphas und Betas ansah, fügte sie sehr respektvoll hinzu: »Und das ›Wir‹ muss bei euch beginnen.«

Darauf sagte ein Beta nachdrücklich: »Aber wir sind viel zu sehr mit anderen Dingen beschäftigt, um Erdmännchen für den Aufbau dieser Farm abzustellen.«

Nadia nickte. »Gut. Es geht nicht darum, eine Farmgruppe zu gründen, die anderen Ressourcen wegnimmt. Versuchen wir einfach, ein paar Freiwillige zu finden, die bereit sind, ihre üblichen Jobs zu machen und zusätzlich noch am Farmprojekt zu arbeiten.«

Der Beta rollte mit den Augen und dachte bei sich:

Aber realistisch betrachtet, warum sollte irgendwer dazu bereit sein? Laut sagte er dann: »Selbst wenn du recht hast und deine Freiwilligen Zusatzarbeit leisten, werden sie an einem bestimmten Punkt vor Erschöpfung zusammenbrechen und aufgeben. Damit wäre nicht nur dein Projekt gescheitert, sondern sie würden auch ihren regulären Job nicht mehr erfüllen können.«

Ohne zu zögern, erwiderte Nadia: »Was ich in Lenas Clan gesehen habe, war, dass diejenigen, die zu müde oder anderswo zu sehr eingespannt waren, ausgestiegen sind, sich aber nicht bis zum Burn-out verausgabt haben. Andere Freiwillige haben dann ihren Platz eingenommen. Keine Lena und kein Beta hat Druck auf sie ausgeübt, und sie haben so lange Zusatzarbeit geleistet, bis das Projekt auf den Beinen stand. Das hat den Unterschied ausgemacht, denke ich.«

Ein anderer Beta mischte sich daraufhin mit einem Bombardement von Fragen ein: Wie steht es mit dem und mit jenem und überhaupt? Nicholas hatte gute Lust, diesen lautstark auftretenden Bossen einen Schlag auf den Kopf zu verpassen. Aber er wusste, dass dies Nadia nicht helfen würde.

Und Nadia benötigte auch gar keine Hilfe. Sie wusste, dass sie recht hatte, und zeigte das auch. Mit leuchtenden Augen wandte sie sich an die Zuhörer: »Ich sage nicht, dass es einfach werden wird und wir nicht mit

Schwierigkeiten und Hindernissen zu kämpfen haben werden. Aber ich weiß, wenn viele von uns an die Chance eines besseren, stärkeren und sichereren Clans glauben – eines Clans, der wieder floriert und wächst –, werden wir es auch in Gang bringen.«

Alle Augen waren auf sie gerichtet. Man hätte ein Blatt vom Versammlungsbaum fallen hören können. So etwas tat kein junges Erdmännchen-Mädchen vor den Bossen. Und das war nicht die Nadia, die sie vor nicht allzu langer Zeit noch gekannt hatten. Sie hatte sich verändert.

Mara und die Mehrheit der Betas waren offensichtlich nicht überzeugt. Doch Moro erhob sich zu voller Größe und sagte entschieden: »Ich denke, sie hat recht, dass hierin eine mögliche Chance liegt. Wir sind dafür verantwortlich, dass der Clan eine Zukunft hat, und wir sind für die Kleinen verantwortlich. Und wenn dies Korrekturen an der Art unseres Arbeitens erforderlich macht, womöglich sogar große Korrekturen, ist es unsere Pflicht, sie in Angriff zu nehmen.«

Er hielt kurz inne, sah auf die Zuhörer und fuhr dann fort: »Ist es einfach, eine neue Idee in Zweifel zu ziehen? Vor allem wenn sie so völlig anders ist?« Nach einer rhetorischen Pause gab er sich selbst die Antwort: »Natürlich ist es einfach.«

Dann wandte er sich direkt an die Betas und an Mara.

»Sollten veränderte Umstände nicht neue Ideen erfordern, womöglich völlig andere?« Nach einer kurzen Pause vollendete er seinen Gedanken: »Die einzig logische Antwort lautet ja.«

Moro ähnelte in seinem Auftreten keineswegs Lena, dafür waren ihre Persönlichkeiten zu unterschiedlich; dennoch lag in seiner Stimme dieselbe starke Entschlossenheit, die auch Lena immer ausgestrahlt hatte.

Und als nun Moro Stellung bezog und Nicholas sowie ein weiterer Beta dazu energisch nickten und der ganze Clan interessiert lauschte, schienen die übrigen Bosse schließlich bereit, dem Neuem eine Chance zu geben – oder es zumindest nicht zu blockieren.

Mit einem überraschend hoffnungsvollen, aber auch etwas skeptischen Lächeln sagte Moro: »Wer will bei der Larvenfarm mithelfen?«

Am schnellsten hoben Nicholas und das Familienoberhaupt, das Nadias Lehrer gewesen war, die Pfote. Doch auch ein Dutzend der anderen meldete sich, die näher herangerückt waren, um die Diskussion besser verfolgen zu können.

Moro schien ein wenig überrascht, aber erfreut. »Gut.« Und auf sehr untraditionelle Weise sagte er: »Wenn ihr etwas braucht, gebt mir Bescheid.« Damit beendete er die Sitzung.

Dringlichkeit, Führerschaft, Freiwilligkeit und Erfolge

Am folgenden Morgen kam Nicholas zu Nadia. »Was machst du als Nächstes?«, fragte er.

Sie schüttelte den Kopf. »Du willst doch nicht mir allein alles aufladen, oder?«

»Nein«, sagte er und klang dabei ein wenig ertappt. »So habe ich das nicht gemeint.« Nach einer kurzen Pause fuhr er fort: »Na gut, vielleicht doch. Aber jetzt habe ich verstanden. Womit kann ich dir helfen?«

»Erzähl überall herum, wie sehr dich die Möglichkeit begeistert, das Hungerproblem zu lösen und den Clan sicherer zu machen. Betone dabei, dass Moro dies zu unterstützen scheint. Und sage, dass jeder, der als Freiwilliger die Larvenfarm mit aufbauen will, mittags um zwölf zum Versammlungsbaum kommen soll. Ich mache das Gleiche.«

Nicholas nickte, da fragte Nadia: »Natürlich freut mich Moros Eintreten sehr, aber warum, denkst du, scheint er die Sache zu befürworten?«

Über diese Frage hatte auch Nicholas schon nachgedacht. »Ihm liegt der Clan sehr am Herzen, und er ist überhaupt nicht glücklich über das, was geschehen ist. Aber man könnte dasselbe auch von Mara sagen.« Nicholas senkte den Kopf und dachte offensichtlich inten-

siv nach. »Die einzige Antwort, die ich habe – und es ist gar keine richtige –, lautet, dass wohl Moro instinktiv spürt, dass an deiner Idee etwas dran ist. Aber ich bin mir da nicht sicher. Wie auch immer: Los, erzählen wir allen die Neuigkeit.«

Und das taten sie. Zur Mittagszeit versammelten sich 17 neugierige Erdmännchen, die ein Gefühl der Dringlichkeit verspürten, diese Idee mit der Larvenfarm beziehungsweise – bei einigen – etwas wirklich Neues in die Tat umzusetzen. Nadia fragte, wer die Leitung übernehmen wolle, wenn auch nur, um eine produktive Diskussion anzuregen. Die Frage verwirrte die meisten Anwesenden, da sie angenommen hatten, dass der ranghöhere der beiden auf der Sitzung anwesenden Betas die Verantwortung übernehmen würde. Da erzählte Nadia ihnen die Geschichte von Tamu, und Ayo half den Anwesenden, die Verwirrung zu beseitigen, für die Sitzung einen Moderator zu finden und die Sache in Gang zu bringen.

Jeden Tag schienen sie vor einem neuen Hindernis zu stehen. Der für die Höhlen zuständige Beta befahl zweien seiner Leute, die mit großem Eifer im Farmteam mitwirkten, damit aufzuhören und sich stattdessen auf ihre Arbeit an den Höhlen zu konzentrieren. Sie hörten tatsächlich auf, aber wie Nadia vorhergesagt hatte, sprangen zwei andere Freiwillige für sie ein. Manche

stiegen aus – aber niemand verausgabte sich restlos, wie einige Betas prophezeit hatten.

Mara gab weiterhin zu verstehen, dass sie das Projekt niemals unterstützen werde. Hinter den Kulissen schaffte es Moro jedoch irgendwie, sie davon abzuhalten, den Aufbau der Farm zu hintertreiben. Aber als ein benachbarter Clan mehr als einmal in ihr Territorium eindrang und dort auf die Jagd ging, mobilisierte Mara erfolgreich sämtliche Erdmännchen und zog dadurch fast sämtliche Kräfte von der Farm ab, ausgerechnet zu einer Zeit, als diese dringend Unterstützung brauchte. Doch wie Nadia vorausgesagt hatte, weigerten sich einige Freiwillige, das Farmprojekt zu gefährden, und arbeiteten weiter, indem sie offenbar fast ganz auf Schlaf verzichteten.

Die Energie mancher Freiwilliger war erstaunlich. Sie verrichteten ihre üblichen Jobs und arbeiteten zusätzlich jede freie Minute auf der Farm. Auch Nadia und Nicholas waren unermüdlich. Ein anderer Beta begann, aus welchen Gründen auch immer, Nicholas nachzueifern. Und Moro in seiner ruhigen und sicherlich nicht überlebensgroßen oder charismatischen Art nahm sich trotz seines vollen Terminplans Zeit, die Larvenfarmer jeden Tag zu besuchen, wenn auch nur für ein paar Minuten. Ein Lächeln hier und ein Schulterklopfen dort zeigten eine erstaunliche Wirkung. Und schon allein die

Nachricht von Moros Besuchen verbreitete sich innerhalb des Clans mit der Geschwindigkeit eines Sandsturms.

Als das Farmprojekt die ersten Nahrungsmittel liefern konnte, was überraschend bald der Fall war, luden die Freiwilligen die Alphas, Betas und alle anderen ein, sich selbst ein Bild davon zu machen, was diese ungewöhnliche Aktivität bewirkt hatte. Auch das war beispiellos, da normalerweise gewöhnliche Erdmännchen keine Bosse zu irgendetwas einluden. Dennoch kamen viele der Bosse – Moro sogar als einer der Ersten.

Obwohl die Farm noch in den Kinderschuhen steckte und alles andere als fertig ausgebaut war, gab es unter den Besuchern großes Staunen. Viele wollten von Nadia und Ayo noch mehr über das erfahren, was sie während ihrer Abwesenheit sonst noch alles gelernt hatten. Und von da an wurde die Frage nach den großen Chancen für den Clan immer mehr zum allgemeinen Gesprächsthema – vor allem als Moro und einige Betas damit begannen, regelmäßig darüber zu diskutieren. Die bisherige Selbstzufriedenheit – die Haltung gemäß dem Motto »Es läuft doch alles bestens« – schwand von Tag zu Tag. Auch Befürchtungen und Ängste, die zu keinem nützlichen Ergebnis führten, schienen sich zu legen, während das Gefühl immer stärker wurde, etwas Neues gemeinsam auch entschlossen anzupacken.

»Was ist als Nächstes dran?«, fragte Nicholas seine Schwester.

Nadia dachte nach. »Wäre doch nur Lena hier.« Nicholas sah sie ernst an. »Ist sie aber nicht. Also, noch einmal: Was kommt als Nächstes?«

»Vielleicht ein Freiwilligen-Führungszirkel, wie Lena einen hatte und der uns die richtige Richtung finden hilft. Das eigentliche Zentrum von Lenas Kreisdiagramm. Ich denke, wir haben inzwischen genügend Interessierte und Energie, dass ein derartiger Zirkel möglich wäre.«

Und tatsächlich war es möglich. Eine Kerngruppe von rund einem Dutzend Erdmännchen begann, sich regelmäßig mit Nadia und Nicholas zu treffen. Als Mara davon erfuhr, wollte sie diese ungenehmigte Aktivität unterbinden, aber Moro verhinderte das. Die Kerngruppe begann festzulegen, worauf sie ihre Energie richten wollte. Zusammen mit einem halben Dutzend weiterer engagierter Erdmännchen und unter der Leitung von Ayo gelang es, die neue Wachmethode zu 100 Prozent durchzusetzen. Erneut war das leichter gesagt als getan, aber Ayo und sein Team arbeiteten rastlos daran. Ein älteres Erdmännchen, das alle als bereits zu schwach für irgendwelche Tätigkeiten gehalten hatten, meldete sich freiwillig für die Leitung einer Sandsturminitiative. Und so unglaublich es klang – mit neu

erwachter Leidenschaft und Besonnenheit vertiefte es sich in die neue Aufgabe. Glaubwürdigkeit, Schwung und das Gefühl der Dringlichkeit nahmen weiter zu, als die Mitglieder des Freiwilligen-Führungszirkels ihren Freunden und Familien von ihren Initiativen und ersten Erfolgen erzählten.

Beim fünften Treffen des Führungszirkels erschien ein Erdmännchen namens Pano mit einem Stück Fell, ausgestopft mit Stroh. Es hatte eine Form mit Armen und Beinen, einem Kopf und Augen und war … nun ja, niedlich.

Alle starrten auf dieses Ding. »Woher hast du das?«, fragte jemand.

»Meine Schwester hat es gebastelt«, sagte Pano. »Ich weiß nicht wie. Aber sie hat etwas wirklich Interessantes zu mir gesagt. Sie meint nämlich, wenn man das Ding hier unseren Kleinen, die verletzt oder krank sind, zum Kuscheln gibt, scheint es ihnen schnell wieder besserzugehen. Dann brauchen sie auch weniger Betreuung durch Familienangehörige, die sich um sie kümmern, sie füttern und all das, was wir normalerweise für die Kranken tun. Meine Schwester sagt, das habe sie schon oft erlebt.«

Alle blickten auf das Spielzeugtier. Dann fragte jemand: »Aber wenn das stimmt, wieso wussten wir dann bisher nichts davon?« Pano zuckte mit den Schultern.

Jemand anderes sagte: »Das ist toll. Ich möchte mit deiner Schwester reden und versuchen, das auf breiterer Basis aufzuziehen, wenn ich ein paar Leute finde, die dabei mitmachen. In Ordnung?«

Der Führungszirkel diskutierte weiter über diese ausgefallene Idee. Nicht alle glaubten sofort, dass sie funktionieren würde, aber eine der Lehren, die diese Gruppe verinnerlicht hatte, war, dass es keinen Grund gab, warum alle einer Meinung sein sollten. Wenn jemand genügend Unterstützer fand, um eine Idee umzusetzen, war sie wahrscheinlich vielversprechend. Oder zumindest einen Versuch wert.

Und das Erdmännchen, das die Initiative für das Projekt übernommen hatte, hatte kein Problem, andere zu finden, die ebenfalls die Sache voranbringen wollten. Innerhalb einer Woche gelang es dem Team, sechs weitere Schmusetiere zu produzieren, von denen keines perfekt war oder genau gleich aussah, aber alle waren kuschelig und niedlich. Nach zwei weiteren Wochen testeten sie heimlich die Wirkung dieses Spielzeugs an vier kranken und vier verletzten jungen Erdmännchen. Alle acht hielten das neue Spielzeug offenbar Tag und Nacht im Arm. Und in allen Fällen außer einem schienen die Kranken schneller und mit weniger zeitaufwendiger Pflege durch Erwachsene gesund zu werden. Das Team feierte!

Zuerst glaubten einige der Betas, sie verfügten als Einzige über die nötige Erfahrung und das Wissen, um intelligente neue Initiativen anzuregen. Doch dann mussten sie feststellen, dass trotz der jahrelang propagierten Parolen wie »Haltet die Regeln und Methoden ein«, »Tut einfach, was man euch sagt« und »Hier machen wir das so und nicht anders« eine Fülle von Kreativität und Energie aus unerwarteten Richtungen und ungewöhnlichen Gruppierungen von Erdmännchen kam, die üblicherweise gar nicht zusammenarbei-

teten. Im Laufe der Zeit und – wenig überraschend – nach einigen Hochs und Tiefs lernten neue Gruppen, gut und auf noch nicht da gewesene Weise zu kooperieren. Sie entwickelten Ideen, die ein Einzelner oder die normalen Gruppierungen offenbar nicht hervorzubringen imstande waren. Sie entdeckten auch faszinierende Methoden, wie man Hindernisse überwand, mit dem üblichen Widerstand gegen Veränderungen zurechtkam und Ideen in die Tat umsetzte.

Viele ihrer Erfolge waren anscheinend klein und relativ leicht zu erzielen. Aber Kleines summiert sich zu etwas Großem, wenn es anhaltend und oft kommt. Und obwohl alles langsamer vor sich ging und die Konflikte größer waren, als Nadia erwartet hatte, entwickelte sich eine neue Art und Weise des Zusammenarbeitens und des Gemeinschaftsgefühls.

Der Zirkel der Führer traf sich wöchentlich, um sich auszutauschen, Inspiration zu geben und die Erfolge zu feiern. Die beiden ranghöchsten Mitglieder dieser Gruppe, Nicholas und ein Familienoberhaupt, begannen, regelmäßig mit Moro, Mara und den übrigen Betas die verschiedenen Initiativen zu besprechen, an denen gerade gearbeitet wurde. Das beruhigte Mara und die beiden Betas ein wenig, die immer noch den Verlust von Ordnung und Disziplin befürchteten. Und Moro schien mit jeder Sitzung etwas mehr an Statur zu gewinnen – nicht nur, indem er für einen produktiven Verlauf der Sitzungen sorgte, sondern als Führungsperson überhaupt.

Moro und einige Betas wandten das, was sie in den Sitzungen lernten, auch außerhalb ihrer Treffen an. Sie begannen, freiwilligen Leistungen und Leitungstätigkeiten von Erdmännchen, die keine offizielle Führungsposition innehatten, mehr Aufmerksamkeit zu schenken. Gelegentlich versicherten sie dem einen oder anderen nachrangigen Erdmännchen sogar, wie stolz sie auf dessen Erfolge waren, auch wenn es sich nur um kleine Erfolge handelte, zu denen das betreffende Erdmännchen beigetragen hatte. Als sie sahen, welche Wirkung das hatte, fragten sie sich: *Warum haben wir das nicht schon immer so gemacht?*

Abgesehen von der Zeit, als der Clan noch neu und klein gewesen war, hatte noch nie jemand so viel Begeisterung, Energie und Führungsqualität bei so vielen Themen und von so vielen Erdmännchen erlebt. Keine Mühe war ihnen zu viel, wenn sich dadurch das Leben der Einzelnen und des Clans verbessern ließ – ganz gleich, was für schwierige neue Bedingungen durch das Wetter, die Raubtiere oder was auch immer auftraten. Gleichzeitig stellte sich heraus, dass die Befürchtung, die Disziplin, intelligente Methoden und dergleichen würden zwangsläufig verlorengehen oder mit den

neuen Aktivitäten ständig in Konflikt geraten, weitgehend übertrieben war. Im Gegenteil: Nachdem die Bosse von den unmöglichen Belastungen und dem Druck befreit waren, sich um alles kümmern zu müssen, schienen sie jetzt sogar besser dafür sorgen zu können, dass der Wachdienst, die Pflege der Höhlen, die Betreuung der Jungen und das Familienmanagement immerzu gut vonstattenging. Und sicherlich tat es manchem erschöpften Beta und anderen Erdmännchen gut, weniger strapaziert zu werden – und sich in seinem Dasein glücklicher zu fühlen.

Dutzende Erdmännchen, die es sich bestimmt nie hätten träumen lassen, einmal Führungsaufgaben wahrzunehmen, wuchsen in ihre neue Rolle als mehr oder weniger große Führer hinein. Meist gefiel ihnen dies – aus Gründen, die oft schwer zu erklären waren. Ihr Leben schien dadurch interessanter oder aufregender zu werden. Und mehr als nur einige wenige unter den Jungen und Alten empfanden nun ihr Leben zielgerichteter und bedeutsamer – vielleicht sogar auch Moro.

Die Farm wurde ständig größer. Ihr Erfolg trug dazu bei, die Selbstzufriedenheit in Grenzen zu halten, und stärkte die Überzeugung, dass sich dem Clan noch viel mehr Chancen der Verbesserung boten. Und weil die Farm bereits in Lenas Gruppe funktioniert hatte, benötigten die Freiwilligen erstaunlich wenig Zeit, um Me-

thoden und Verfahren für eine gute Leitung der Farm zu entwickeln. Als sie zunehmend zu einem wesentlichen Teil der Nahrungsversorgung des inzwischen wieder wachsenden Clans wurde, bat man die Freiwilligen nach fünf Monaten, sie einer neu ernannten Beta zu übergeben, die fortan offiziell die Verantwortung trug – damit sie die Farm mit ihrem eigenen Erdmännchen-Stab, nach eigenen Plänen, Regeln, Maßnahmen und Verfahren weiterführte. Die Kennzahlen zeigten bald, dass die Farm 25 Prozent der Nahrung für den Clan produzierte, wobei nur sieben Erdmännchen in diesem speziellen Bereich tätig waren.

Aus der Herstellung der Kuscheltiere entwickelte sich eine formell anerkannte Genesungsinitiative, an der alle mitwirkten, denen die Betreuung der Verletzten und Kranken eine Herzensangelegenheit war. Bald stellte man fest, dass die Krankenpflege ein spezielles Fachkönnen, gepaart mit Erdmännchen-Wissenschaft erforderte. Daraufhin beschlossen die Alphas, ein neues Berufsfeld einzuführen, das der Pflegekraft, und sie ernannten einen Chef der Pflegeleitung, der innerhalb einer der Familiengruppen arbeitete, aber dem gesamten Clan zur Verfügung stand. Als Nicholas Nadia von dieser Entscheidung berichtete, war sie ganz begeistert.

»Das wird den Kranken und Verletzten enorm zugutekommen. Und es beweist erneut, dass die Idee

zweier Arbeitsweisen innerhalb eines Clans – dem von Lena und dem unseres alten Clans – keine idealistische, aber realitätsferne Hoffnung ist.« Sie strahlte.

Nicholas nickte. Er blickte auf einen unbestimmten Punkt in der Ferne und dachte offensichtlich nach.

»Was überlegst du?«, fragte Nadia.

»Ich hätte nie geglaubt, dass die Alphas und schon gar nicht die Betas all diesen neuen Aktivitäten zustimmen würden.«

»Warum haben sie das?«, fragte Nadia.

»Ich bin mir nicht ganz sicher«, antwortete Nicholas. »Bestimmt hat der Nachweis, dass diese große Idee kein, wie du es nennst, ›idealistischer Unsinn‹ ist, enorm dazu beigetragen. Deine Berichte über die Zeit, als du fort warst, waren für uns sehr lehrreich und haben dabei geholfen. Die schiere Begeisterung … Die Leidenschaft war wie eine gute Krankheit, sie hat sich von dem einen auf den anderen übertragen. Ich denke, wir Betas haben jetzt weniger Angst davor, die Kontrolle zu verlieren und nicht in der Lage zu sein, etwas Neues zu tun, das auf uns zukommt.« Er hielt kurz inne. »Und Moro hat sich wirklich weiterentwickelt. Ich habe ihn immer respektiert. Aber was er jetzt tut …«

Nadia musste fast lachen. »Hast du gesagt, ›die Betas haben Angst‹? Ihr alle tut immer so, als könnte euch nichts je Angst einjagen.«

Nicholas lächelte matt. »Ja, aber das kommt mit dem Job. Man erwartet stets von uns, dass wir ohne jede Angst agieren.«

Nachdem die Population des Clans während der Krise auf 110 Mitglieder geschrumpft war, erreichte sie ein Jahr später die Zahl von 200 Mitgliedern und wuchs ständig weiter – mit Innovationen für die Zukunft und ohne Funktionsprobleme. Obwohl nur wenige Wanderer, die sich dem Clan angeschlossen hatten, über irgendwelche Ver-

gleichsmaßstäbe verfügten, zogen manche aus ihren Wandererfahrungen zu Recht den Schluss, dass es zu diesem Clan nichts Vergleichbares in der Kalahari gab, denn in ihm verschmolz Erdmännchen-Management mit Lena-Führung. Sie waren Pioniere.

Auch wenn darüber nie offiziell die Rede war, erwartete man im Clan allgemein, dass das nächste Alpha-Paar entweder aus Nadia und Nicholas oder aus Nadia und dem neuen Chef der Erdhöhlen, Ayo, bestehen würde. Nadia gefiel heimlich diese Idee, nicht wegen des Status, den sie dadurch erlangen würde (nun ja, vielleicht auch ein wenig deswegen), sondern aufgrund des großen Privilegs, das sie dann hätte, dabei zu helfen, einen großartigen Clan weiter aufzubauen.

Als sich durch die Wanderer zwangsläufig die Kunde von diesem Clan verbreitete, reagierten anfangs viele mit Unglauben, dann mit ein wenig Neid und schließlich mit zunehmender Bewunderung. Und diese Bewunderung stieg ständig weiter, da der Clan nicht aufhörte zu expandieren und trotz immer neuer Herausforderungen mitten in der Kalahari-Wüste sich ein gut funktionierendes Zuhause schuf.

Man konnte wirklich nur staunen.

Ende.
(Na ja, fast.)

Einige Überlegungen
zum Aufstieg und Fall (und Wiederaufstieg) von Organisationen

Sofern Sie Fabeln für Erwachsene einfach nicht mögen – wobei wir in diesem Fall schwer beeindruckt sind, dass Sie über die Seite neun hinaus durchgehalten haben –, haben Sie bestimmt schon darüber nachgedacht, was in dieser Fabel Sie an Ihre eigenen Erfahrungen erinnert; welche Lehren sich für Sie, Ihr Team, Ihre Firma, Behörde oder Schule daraus ziehen ließen; wie Sie dies als Instrument benutzen könnten, um Ihre Agenda zu ändern oder sich mit anderen darüber auszutauschen, Ergebnisse zu erzielen, die Ihr Team unbedingt erreichen möchte und die Organisation unbedingt braucht. Und vermutlich haben Sie schon über

viele praktische Fragen nachgedacht, vor allem wenn Sie noch nie erlebt haben, dass so etwas wie das hier Geschilderte erfolgreich sein kann. Wenn Sie über genügend Ideen verfügen oder einfach eine Weile nachdenken wollen, können Sie hier aufhören zu lesen. Lassen Sie den Rest des Buchs einfach bleiben. Denken Sie nach. Und handeln Sie dann. Falls Sie aber mehr Fragen als Antworten haben, nach Antworten suchen und auch traditionelle Business- oder Fachbücher mögen, sollten Sie weiterlesen.

Die Ersten, die unser Buch gelesen haben, berichteten uns, dass unsere Fabel zum Nachdenken über ein weites Feld unterschiedlicher Themen anregen kann: über die Anpassung auf eine sich verändernde Umwelt, über die Herausforderungen des eigenen Wachstums mitsamt den Schwierigkeiten, die durch Größe entstehen, über Teamwork zwischen verschiedenen Abteilungen oder Generationen, über die Schaffung eines Umfelds der Offenheit gegenüber neuen und innovativen Ideen, über die Bereitschaft zum kontinuierlichen Lernen innerhalb einer Organisation, über den Umgang mit Widrigkeiten, über das Erlernen von Führungsstärke und über den Unterschied zwischen Führung und Management – um nur ein paar zu nennen. Aber zum Schluss möchten wir Ihre Aufmerksamkeit auf einige Punkte lenken, die wir für besonders wichtig hal-

ten im Hinblick darauf, wie man sich selbst und andere durch eine komplexe Welt steuert, die sich immer schneller verändert, wodurch im geschäftlichen, öffentlichen und familiären Bereich zunehmend Störungen auftreten. Unserer Überzeugung nach stellen diese Punkte heute den Kern der Frage nach dem Aufstieg, Fall und möglichen Wiederaufstieg von Organisationen dar.

Führung und Management

Der grundlegendste aller hier behandelten Aspekte hat mit der Besonderheit dessen zu tun, was wir als »Management« bezeichnen, der Besonderheit von »Führung« und was man damit bei guter Handhabung jeweils erreichen kann.

Wenn Sie mit genügend Leuten reden, werden Sie wie wir feststellen, dass es viele verschiedene und oft widersprüchliche Ansichten darüber gibt, was Management und was Führung ist. Die beiden Begriffe werden oft synonym verwendet, als würden sie mehr oder weniger dasselbe bedeuten. Aber das tun sie nicht.

Management und Führung unterscheiden sich *sehr,* was Handeln, Methoden und Verhalten angeht. Ein knapp gehaltenes Arbeitspapier mit einer authentischen und überzeugenden Vision, die uns die Richtung zu erkennen hilft, in die wir uns bewegen müssen, ist ganz etwas anderes als ein gründlich durchdachter Geschäftsplan von 100 oder 500 Seiten. Ein sorgfältig entwickelter Prozess der Einbindung und Kommunikation, der dazu beiträgt, eine engagierte Gruppe zu schaffen und ihr Orientierung zu geben, unterscheidet sich grundlegend von einem Ausführungsplan mit Budgets, Organisationscharts, Stellenbeschreibungen und dem Fokus auf die richtigen »Eignungsprofile« für die jeweiligen

Positionen. Menschen zu inspirieren und zu ermutigen, ihr Herz und Hirn anzusprechen und ihre Energie zu wecken, um frustrierende Hindernisse zu überwinden, ist etwas völlig anderes, als Ergebnisse zu messen und zu kontrollieren und Leute aufgrund dieser Ergebnisse zu belohnen oder zu bestrafen.

Management	Führung
• Planen • Budgetieren • Organisieren • Stellen besetzen • Messen • Problemlösen • Tun, was wir außergewöhnlich gut beherrschen, um konstant verlässliche, effiziente Ergebnisse hervorzubringen.	• Richtung vorgeben • Menschen koordinieren • Motivieren • Inspirieren • Menschen mobilisieren, um Chancen zu erkennen, Hindernisse zu überwinden und rasch, behende und innovativ in eine florierende Zukunft zu gelangen.

Man hört auch oft, Führung sei ganz und gar mit der Hierarchieebene verknüpft: Führung sei das, was die Alphas praktizieren, Management hingegen das Geschäft der Betas. Aber ist es heutzutage nicht so, dass die »Älteren Brüder und Schwestern«, die in der Hierarchie weit unter den Betas stehen, in ihren Bereichen

manchmal ausgezeichnete Führung demonstrieren – zum Nutzen von uns allen? Und kennen nicht die meisten von uns Beispiele von Alphas, deren Kalender übervoll mit Managementaufgaben ist und die niemand für große Führerfiguren hält? Und wie oft wurde schon behauptet, Führung könnten nur überlebensgroße Persönlichkeiten leisten? Selbst wenn wir wissen, dass das nicht völlig stimmen kann – was denken Sie, welche Wirkung eine solche Behauptung auf uns hat, wenn sie Jahr um Jahr und immerzu wiederholt wird?

Zudem behaupteten manche Leute zumindest in den letzten Jahrzehnten, Führung werde immer mehr benötigt, sei vorteilhaft und sollte das Management ersetzen, das von Natur aus schwerfällig, bürokratisch und steuerungs- und kontrollversessen sei. Aber was passiert mit der Größe und Komplexität einer Organisation, wenn kein Management vorhanden ist – so wie in Lenas Clan?

Management und Führung erfüllen unterschiedliche Funktionen: Management kann dafür sorgen, dass die reguläre Arbeit selbst in außergewöhnlich großen und komplexen Systemen gut, verlässlich und effizient verrichtet wird; Führung hingegen kann in uns die nötige Energie wecken, trotz Hindernissen rasch innovativ zu werden, und uns in eine florierende Zukunft führen – ungeachtet sich verändernder Probleme und Chancen.

Management und Führung sind nicht zwei verschiedene Methoden zum Erreichen desselben Ziels. Sie dienen unterschiedlichen Zielen, und beide sind lebenswichtig in komplexen Organisationen, die in sich verändernden Umwelten operieren.

In einer großen Organisation innerhalb einer geschützten Welt, in der sich wenig verändert, ist gutes Management von überragender Bedeutung – und in gewisser Weise alles, was benötigt wird. In einer kleinen Organisation, die sich beispielsweise eine neue Marktnische erschließt in einer Welt, in der sich die Risiken und Chancen jederzeit drastisch ändern können, ist jedoch Führung von überragender Bedeutung. Für alle anderen, für die Zehn- oder Hundertausende von Organisationen auf unserem Planeten, gilt beides: Aufgrund ihrer Größe oder Komplexität benötigen sie Management, und weil sie sich nicht vor den starken technologischen und anderen Kräften, die Veränderung bewirken, verstecken können, benötigen sie mehr Führung.

Management und Führung sind als Partner in einem Unternehmen nicht unvereinbar, auch wenn dies manchmal den Anschein hat. Es geht nicht darum, das eine oder das andere zu praktizieren, denn sie unterscheiden sich grundlegend voneinander: Management legt beispielsweise den Schwerpunkt auf die Kontrolle der Gesamtheit der Mitarbeiter, Führung hingegen sorgt

für ein vernünftig hohes Maß an Freiheit und Wahlmöglichkeiten für die Mitarbeiter, die aus jedem beliebigen Teil der Gesamtheit kommen können. Würde nicht in einer Organisation einer gewissen Größe – in einer Welt, die sich mit hohem Tempo wandelt und Störungen mit sich bringt – der Erfolg ein »Sowohl-als-auch« verlangen? Würden Sie ohne ein »Sowohl-als-auch« nicht zwangsläufig, zumindest bis zu einem gewissen Grad, entweder den Fehlern des ursprünglichen Clans von Nicholas und Nadia oder denen der Gruppe von Lena erliegen?

Und warum darf es denn nicht ein »Sowohl-als-auch« geben? Warum nicht Kontrollen in einer hierarchischen Struktur, die nach Plan die alltägliche Arbeit außerordentlich gut bewerkstelligen lässt, *und* ein beträchtliches Maß an Freiheit innerhalb einer Netzwerk-Struktur, geleitet von einer klar ausgerichteten Vision, die den Menschen hilft, innovativ zu sein, Hindernisse aus dem Weg zu räumen, Frustrationen abzubauen, und alle so schnell wie möglich in die Zukunft führt? Da die Notwendigkeit die Mutter der Erfindung ist, werden wir in den kommenden Jahrzehnten vermutlich noch viel mehr über all dies lernen.

Im Folgenden stellen wir Ihnen ein weiteres Chart vor, das diese komplexen Strukturen, Verhaltensweisen und Ereignisse in Beziehung zueinander setzt.

Dieses einfache Diagramm verdient sorgfältige Beachtung.

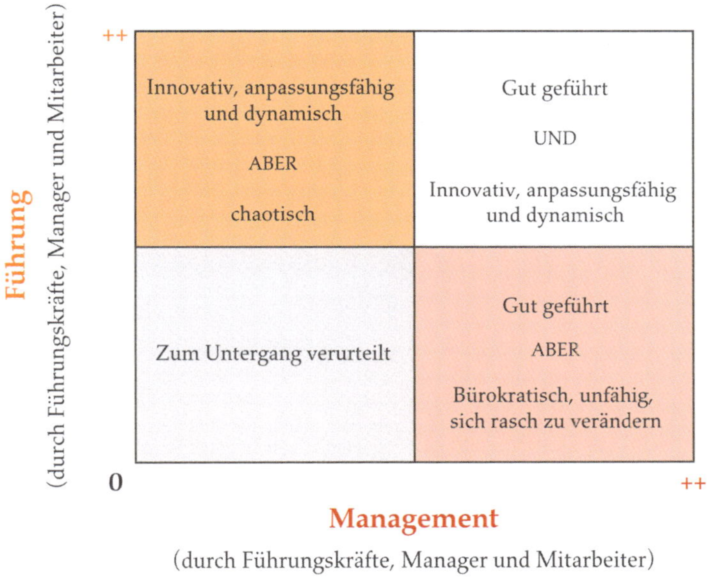

Praktisch alle Organisationen steigen aus dem Nichts auf, indem sie in dem Quadranten links oben operieren. Gelingt der Aufstieg, wechseln sie in der Regel nach oben rechts, wenn auch nur kurz, während sie immer größer werden. Sie gehen nicht der Denkart »Wir wissen, wie man es macht, unser Erfolg beweist das« in die Falle, die Veränderung verhindert. Aber genau die Ele-

mente, die sie hinzufügen, um mit ihrer zunehmenden Größe zurechtzukommen, die Systeme, Strukturen und Vorgehensweisen, vereiteln allzu leicht die für Lena typischen Methoden, die Tempo, Behendigkeit und Innovation ermöglichen. Und schon rutschen diese Organisationen in den Quadranten nach unten rechts. Sind sie keinem starken Wettbewerbsdruck ausgesetzt, erstarren sie dann oft, werden selbstzufrieden, unbeweglich, langsam und sind nicht mehr im mindesten strategisch agil. Werden solche Organisationen plötzlich von starken Umbrüchen erfasst, scheint es manchmal so, als würde die Diagrammlinie von selbst nach rechts wandern und sie in den Quadranten unten links verschieben, wo sie von den Ereignissen überrollt werden und ihnen der Untergang bevorsteht.

Heutzutage sind die meisten ausgereiften Organisationen wohl irgendwo rechts unten angesiedelt. In einer sich langsam bewegenden Welt können sie in gewissen Dimensionen gute Leistungen erzielen. Aber diese Art Lebensraum schwindet nicht nur für unsere Erdmännchen-Freunde, sondern auch für uns überall zusehends.

Besteht die Lösung dieses Problem darin, zur führungsorientierten, agilen, regelarmen, herrschaftsfreien und innovativen Welt links oben zurückzukehren? Für manche mag dies ein verlockender Gedanke sein. Aber wäre das nicht – sofern Ihre Organisation nicht sehr

klein ist – ein naiver Gedanke? Die Lösung liegt vielmehr im Wiederaufstieg mit einer Struktur aus Führung plus Management und Verfahren, die im Quadranten oben rechts angesiedelt sind, wo Management nicht ausgeschlossen, sondern reichlich Führung hinzugegeben wird.

Eine weitere Lösung besteht darin, dem Druck zu widerstehen, den Quadranten oben links je zu verlassen. Das ist verständlich, vor allem wenn man ein brillanter Führer / Unternehmer ist. Aber warum sollte das Ergebnis dann nicht stets das Lena-Szenario sein?

Eine Organisation aus dem Besten der beiden Welten schaffen

Wir lernen soeben, was es bedeutet, in den Quadranten rechts oben unserer Führungs- und Management-Matrix zu wandern und dort zu bleiben. Viele Leute versuchen intuitiv genau das. In ausgereiften Organisationen werden bei weit größeren Gruppen als früher Schulungen zur Führungsentwicklung durchgeführt, und es wird darauf geachtet, dass es dabei wirklich um Führung geht und nicht nur um Management. Sie fügen ihren Managementsystemen entschiedener und kreativer neue netzwerkähnliche Gruppen bei (jenseits der traditionellen abteilungsübergreifenden Task Forces). Sie versuchen, in der Mitarbeiterschaft mehr Engagement zu wecken, als das früher der Fall war. Sie sprechen mehr über Führung und versuchen explizit, bestimmte Personen als Führer aufzubauen. Während wir dies schreiben, wissen wir nicht, wie die ideale Methode aussehen könnte, um in den Quadranten rechts oben zu gelangen, wenn man eine ausgereifte Organisation hat, die irgendwo im Quadranten rechts unten operiert. Aber wir kennen eine Methode, die funktionieren kann, und das ist die Methode, die unsere Erdmännchen-Freunde angewandt haben.

Sie ist in dem folgenden Diagramm dargestellt und

besteht aus der Art dualer Struktur, die Nadia in den Sand gezeichnet hat und die, angewandt, ein hohes Maß an Führung und Management erlaubt. Sie hilft Organisationen, die die Start-up-Phase hinter sich haben, effizient und verlässlich in dem Sinne zu operieren, dass die unmittelbaren Erfordernisse des Tages trotz Größe und Komplexität erfüllt werden und man dennoch mit einer sich rasch verändernden Welt mit all ihren Ansprüchen an Tempo, Behendigkeit und Innovation zurechtkommt.

Ein duales System hat auch bedeutende zusätzliche Vorteile, die wir eben erst zu begreifen lernen. Zum

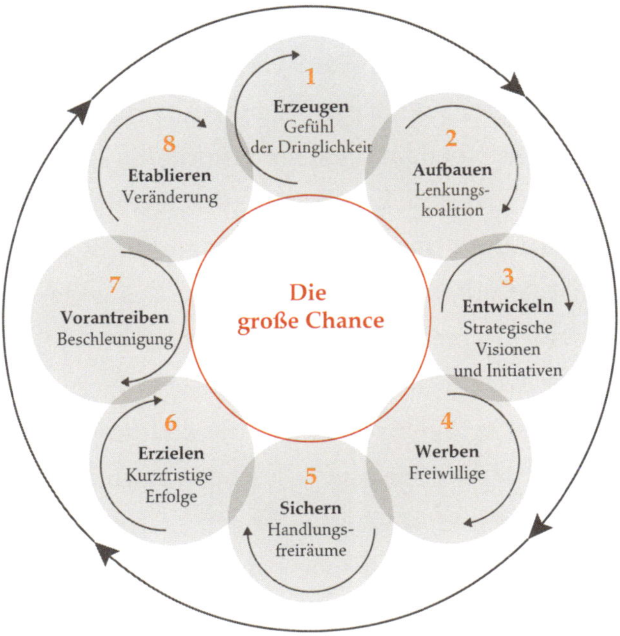

Beispiel kann dieses System im heutigen Wettbewerb um talentierte Mitarbeiter außergewöhnlich befähigte junge Menschen anziehen und halten, die gern die Chance ergreifen, früher in ihrer Karriere breitere (und wichtigere) Aufgabenfelder zu übernehmen.

Und so funktioniert es:

1. Der Prozess beginnt damit, bei einer großen Zahl von Leuten ein ausgeprägtes Gefühl der Dringlichkeit zu schaffen, was die Verfolgung einer klaren großen Chance (oder mehrerer Chancen) betrifft. Dadurch sinkt die Selbstzufriedenheit ebenso wie ein falsches Gefühl der Dringlichkeit, das durch Ängstlichkeit entsteht. Nadia und Nicholas ist das mit Hilfe einer konstant wachsenden Gruppe und vor allem dank Moros Unterstützung gelungen, indem sie unablässig über faszinierende Chancen kommunizierten, Lernen anregten, Leidenschaft demonstrierten und nachwiesen, dass die Verfolgung neuer Möglichkeiten machbar ist. Dasselbe haben wir auch in realen Organisationen erlebt.
2. Ist die Dringlichkeit, eine Chance zu nutzen, wirklich ausgeprägt vorhanden, wird eine sehr bunt gemischte Gruppe, die sich über verschiedene Abteilungen und Hierarchieebenen erstreckt, zusammengestellt, eine Gruppe von Personen, die leiden-

schaftlich den Aufbau dieses neuen netzwerkähnlichen Systems betreiben wollen und dabei grundsätzlich bereit sind, zwei Jobs zu erfüllen: ihre reguläre Aufgabe innerhalb einer Hierarchie plus einen zweiten Job im Führungs- und Innovationsnetzwerk. Stellen Sie sich auch hier ein Start-up vor, mit Jungen und Alten, Ingenieuren und Verkäufern, die kooperieren, diskutieren und mit einem Tempo vorankommen, das in einer großen Bürokratie undenkbar scheint. In der realen Welt haben wir gesehen, wie die Moros diese Gruppe zusammengestellt oder die Zusammenstellung eines anderen bestätigt haben. Üblicherweise ging diese Gruppe aus einer viel größeren Gruppe von Freiwilligen hervor, die leidenschaftlich gern die neue »Nachtarbeit« übernehmen wollten.

3. Diese Gruppe, eine Art Lenkungskoalition, agiert sodann wie alle großen unternehmerischen Einheiten in ihrer Anfangsphase. Sie entwickelt Initiativen, die auf eine Vision einzahlen und faszinierende Chancen eröffnen. Sie achtet auf die Meinungen aller anderen, einschließlich der der Alphas und Betas, bevor sie bestimmte Initiativen wählt, und sie verfolgt kaum jemals eine Initiative, sofern sie nicht die Moros dieser Welt davon überzeugen kann, dass sie potenziell hohen Wert besitzt.

4. Es wird kontinuierlich über die Initiativen kommuniziert, so dass dank des ausgeprägten Gefühls der Dringlichkeit genügend Freiwillige bereit sind, die Arbeit zu verrichten (wie jene, die in Lenas Clan das Projekt »Essenteilen« initiierten). Es ist beispielsweise erstaunlich, was nur fünf Prozent der Beschäftigten in einer Organisation mit 5000 Mitarbeitern in einigen wenigen Monaten erreichen können, wenn die Bedingungen stimmen. Dies konnten wir oftmals beobachten.
5. Vieles von dem Erreichten besteht oft weniger im Hervorbringen völlig neuer Ideen, sondern im Auffinden von bereits vorhandenen, die aber bisher nicht wahrgenommen wurden (wie das kuschelige Schmusetier unserer Erdmännchen, aus dem die Genesungsinitiative hervorging), oder im Aufgreifen von Ideen, deren Umsetzung schwierig ist, und der Überwindung von Hindernissen zu ihrer Verwirklichung.
6. Erfolge – erzielte, kommunizierte und gefeierte – schaffen Veränderung und entwickeln Schwungkraft. Wie wir herausfanden, gilt im Allgemeinen: Je mehr »Gewinne« es gibt, selbst wenn es nur kleine sind, je schneller sie erzielt werden, je wirksamer sie kommuniziert werden und je mehr sie gefeiert werden, desto besser.

7. Wurden genügend Erfolge erzielt, richtet sich die Aufmerksamkeit darauf, die Dringlichkeit nicht zu verlieren, neue strategisch wichtige Initiativen auszuwählen und sämtliche Prozesse ständig am Laufen zu halten.
8. Und ab einem gewissen Punkt werden große Erfolge in die hierarchische Struktur mit aufgenommen, so, wie aus der Larvenzucht bei den Erdmännchen eine neue Farm-Abteilung mit einem Chef und einer eigenen Belegschaft wurde. Bei positiven Ergebnissen werden die Freiwilligen sie den anderen zugutekommen lassen wollen, und die Alphas werden sie in die Hierarchie integrieren wollen, um Verlässlichkeit und Effizienz abzusichern.

Viel von dem zuletzt Gesagten wurde schon vor Jahren von einem von uns – John Kotter – entdeckt. Aber heute, in einer sich schneller wandelnden Welt, hat sich die Grundmethode in drei besonders wichtigen Aspekten weiterentwickelt. Erstens ist sie keine Sammlung von Prozessen mehr, die man einmal alle fünf oder zehn Jahre aus der Schublade ziehen kann. In einer Welt, die sich mehr und mehr und immer schneller verändert, müssen die hier dargestellten Prozesse, sobald sie in Gang gesetzt wurden, kontinuierlich verlaufen. Zweitens sind dafür viel mehr Leute erforderlich als früher,

die sich nicht nur darin engagieren, visionäre Ideen des Topmanagements umzusetzen, sondern selbst Ideen zu finden, alle institutionellen und einstellungsbezogenen Hindernisse gegen die Veränderung aus dem Weg zu räumen und kleine wie große Gruppen zu motivieren, auf neue Art und Weise zu agieren – anders gesagt, bei der Führung zu helfen. Und drittens bedarf es – um die beiden ersten Punkte praktikabel zu machen – einer zweiten Struktur oder Architektur, die mit einer traditionell managementorientierten Hierarchie Hand in Hand arbeitet – etwas, das in seiner Funktionsweise einer höchst erfolgreichen Start-up-Organisation ähnelt. Die oben beschriebenen Prozesse leisten genau dies, trotz der Tatsache, dass ausgereifte Organisationen die inhärente Tendenz haben, ein unternehmerisches, experimentierfreudiges Innovations- und Führungsnetzwerk abzuwürgen oder zu marginalisieren.

Aber wie ist es realistischerweise möglich, gewissermaßen das Beste aus beiden Welten zu ziehen, deren eine Verlässlichkeit und Effizienz verspricht, während die andere Behendigkeit, Tempo und Innovation anbietet? Zuallererst können die Prozesse, wenn sie wie oben beschrieben umgesetzt werden, die vielen Ursachen des Widerstands überwinden, die Managementhierarchien innewohnen. Die Prozesse können das unglaublich mächtige Mantra des »So machen wir es hier nicht«

überwinden. Ein echtes Gefühl der Dringlichkeit bei einer Vielzahl von Personen hinsichtlich einer wirklichen Chance, die nicht nur intellektuell erkannt, sondern emotional gespürt wird, ist der entscheidende Schlüssel. Auch Schulungen und Auseinandersetzung mit dem Thema können dazu beitragen, vor allem auf der Ebene der Betas und Alphas. Erfolge, die die Funktionsfähigkeit und Stärke eines veränderten Systems demonstrieren, sind von wesentlicher Bedeutung; allein durch Worte inspiriertes Handeln ist stets begrenzt, vor allem wenn es um Neues und Unsicheres geht. Genau das ist in unserer Erdmännchen-Welt geschehen, und wir haben es auch in unserer menschlichen Welt immer wieder erlebt.

Wenn Sie wie die große Mehrheit von uns Ihr Leben in Organisationen verbracht haben, die im Quadranten rechts unten angesiedelt sind, haben Sie vielleicht Dutzende Fragen, deren Beantwortung ein paar hundert weitere Seiten erfordern würden. Und das würde offensichtlich die Vorzüge eines schmalen Buches zunichtemachen. Aber wir haben für Sie zwei weiterführende Quellen: ein traditionelles Fachbuch von John Kotter mit dem Titel *Accelerate. Strategischen Herausforderungen schnell, agil und kreativ begegnen* und eine Fülle von Materialien auf der Webseite von Kotter International.

Und hier noch ein weiterer Vorschlag, wie man sich

in diese Ideen vertiefen könnte. Stellen Sie dieses Buch *nicht* ins Regal. Lassen Sie es zirkulieren und nutzen Sie es als Aufhänger für Gespräche über Ihre Abteilung, Ihr Büro oder Ihre Firma. Menschen, denen wir Entwürfe dieses Manuskripts zu lesen gaben, haben eine Kopie davon vor bereits geplanten Sitzungen (die jährliche strategische Planungssitzung) oder im Vorfeld eigens einberufener Treffen (eine Gruppe von zehn Personen während eines langen Mittagessens) verteilt. Die Diskussionen darüber scheinen stets einem eigenen natürlichen Ablauf zu folgen. Sie beginnen mit Bemerkungen über unsere Erdmännchen-Geschichte und gehen dann in Gespräche über die eigene Organisation über. Wo stehen wir in der 2-zu-2-Matrix? Warum dort? Was sind die Folgen? Gibt es spezifische Probleme, mit denen wir nicht gut umgehen, oder Chancen, die wir aufgrund unserer Operationsweise verpassen? Haben wir uns zu verändern versucht? Was hat funktioniert und was nicht? Was sind unsere größten Chancen? Und so weiter …

Man hat uns überschüttet mit Ideen zur Kontrolle, Projektaufträgen, Task Forces, Work Streams, Matrix-Strukturen, Dashboards und Ähnlichem, meist unser gesamtes Berufsleben lang. Unter diesen Umständen scheuen wir natürlich davor zurück, das, was wir wissen, einfach »wegzuwerfen«. Aber darum geht es in un-

serem Buch gar nicht. Es geht vielmehr um das Hinzufügen, nicht um das Weglassen. Wir wären schlecht beraten, angesichts neuer und häufiger auftretender strategischer Herausforderungen dieser natürlichen Angst vor dem Neuen nachzugeben.

Mit zunehmender Dringlichkeit hinsichtlich einer großen Chance, mit Unterweisung, Hilfestellung von oben, Schwungkraft durch Initiativerfolge und einem Hand-in-Hand-Arbeiten zwischen zwei sehr verschiedenen Systemen ist es möglich, das zu erreichen, was den Erdmännchen gelungen ist. Wir haben solche Erfolge aus nächster Nähe erlebt, oftmals.

Und ja, es kann Großartiges hervorbringen.

Die Autoren

John Kotter lehrte über 30 Jahre Führungsmanagement an der Harvard Business School. Er leitet die Unternehmensberatung Kotter International, eine in Seattle und Boston ansässige Management-Beratungsgesellschaft. John Kotter ist Autor zahlreicher Bücher über zentrale Management-Themen, darunter der internationale Bestseller *Leading Change*.

Holger Rathgeber war viele Jahre in leitender Position bei einem global operierenden medizinischen Technologiekonzern tätig. Gemeinsam mit John Kotter hat er den internationalen Bestseller *Das Pinguin-Prinzip* verfasst. Er gehört zur Führungsriege von Kotter International und hat für den deutschsprachigen Raum mit Team Rathgeber seine eigene Unternehmensberatung.

Kotter International ist eine neue Art von Beratungsfirma, die die ganze Kraft und Kreativität von Organisationen für die Erreichung strategischer, nachhaltiger Ergebnisse verfügbar macht – und dies schneller, als

die Führung es für möglich hält. Sie unterstützt die Führung auch dabei, nachhaltige Organisationen aufzubauen, die schnell und agil operieren – verlässlich und effizient. Wenn Ihnen dieses Buch gefallen hat, hoffen wir, dass Sie uns auf unserer Website www.kotterinternational.com besuchen.

Noch Fragen?
Fragen Sie.

John.Kotter@KotterInternational.com

oder

holger@team-rathgeber.com

Ende.
(Diesmal wirklich.)

Die Bedingungen unseres Lebens ändern sich – und damit müssen wir umgehen. Aber wie?

John Kotter, Holger Rathgeber

Das Pinguin-Prinzip

Wie Veränderung zum Erfolg führt

Auf einem Eisberg in der Antarktis lebt eine Pinguinkolonie. Da entdeckt eines Tages der aufgeweckte Pinguin Fred, dass sein Volk in großer Gefahr schwebt. Der Eisberg schmilzt. Und Fred ahnt: Niemand wird die schlimme Botschaft hören wollen.

Die herzerfrischende Parabel vermittelt Strategien für erfolgreiches Handeln im Berufs- und Alltagsleben: Der neugierige Pinguin Fred und seine Mitstreiter machen uns vor, wie wir schwierige Situationen bewältigen können, gemeinsam den Mut zu Neuem entwickeln und auf unkonventionellen Wegen unser Ziel erreichen.

»Egal, ob Sie in einem Unternehmen arbeiten oder Ihr eigenes Leben managen, ob Sie Firmenchef oder Schüler sind – jeder kann von dieser Geschichte etwas lernen!«

Spencer Johnson, Autor des Bestsellers
Die Mäuse-Strategie für Manager

DROEMER